Violences et autres infractions sexuelles

Logiques Juridiques

Fondée par Gérard Marcou

Dirigée par Jean-Claude Némery et Thomas Perroud

Le droit n'est pas seulement un savoir, il est d'abord un ensemble de rapports et pratiques que l'on rencontre dans presque toutes les formes de sociétés. C'est pourquoi il a toujours donné lieu à la fois à une littérature de juristes professionnels, produisant le savoir juridique, et à une littérature sur le droit, produite par des philosophes, des sociologues ou des économistes notamment.

Parce que le domaine du droit s'étend sans cesse et rend de plus en plus souvent nécessaire le recours au savoir juridique spécialisé, même dans des matières où il n'avait jadis qu'une importance secondaire, les ouvrages juridiques à caractère professionnel ou pédagogique dominent l'édition, et ils tendent à réduire la recherche en droit à sa seule dimension positive. À l'inverse de cette tendance, la collection « Logiques juridiques » des éditions L'Harmattan est ouverte à toutes les approches du droit. Tout en publiant aussi des ouvrages à vocation professionnelle ou pédagogique, elle se fixe avant tout pour but de contribuer à la publication et à la diffusion des recherches en droit, ainsi qu'au dialogue scientifique sur le droit. Comme son nom l'indique, elle se veut plurielle.

Dernières parutions

Vincent BENELBAZ, *Les doctrines du corporatisme : Vichy et les Républiques*, 2025

Sous la coordination de Cristina Elena POPA TACHE, Elise Nicoleta VÂLCU et Cătălin-Silviu SĂRARU, *Droit international et intégration européenne, Perspectives de l'Europe centrale et orientale*, 2025.

Ludivine CLOUZOT et François-Xavier FORT (dir.), *La réforme du dialogue social dans la fonction publique,* 2025.

Hind ADIL, *Le droit des assurances sous l'égide des lois marocaines pour débutants, Les contrats terrestres et de transports maritimes et aériens*, 2025.

Jean-Louis Sablon

Violences et autres infractions sexuelles

Le droit de A à Z
pour les connaître et les combattre

L'Harmattan

Du même auteur

Le contentieux des dommages de construction, Eyrolles, 2012.
Défauts de construction : Que faire ?, Eyrolles, 2016.
Le droit des jardins et des jardiniers, France Agricole, 2020.
Guide juridique du chien, Puits Fleuri, 2022.
Guide juridique du piéton, Puits Fleuri, 2022.
Traité de droit de la démolition, Le Moniteur, 2023.

5-7, rue de l'Ecole-Polytechnique, 75005 Paris

http://www.editions-harmattan.fr

ISBN : 978-2-336-51334-8
EAN : 9782336513348

Introduction

Les violences et infractions sexuelles sont multiples et en progression très rapide ces dernières années (voir *STATISTIQUES*), touchant tous les milieux, artistiques, religieux, sportifs, politiques, familiaux, professionnels, et d'autres encore. Pourtant, bien qu'elles fassent régulièrement la une des médias, elles sont probablement encore assez mal connues, car difficiles à cerner, du moins pour certaines d'entre elles. Récemment encore, des internautes se demandaient en marge d'un article consacré à des poursuites pour un comportement inapproprié qualifié en l'espèce d'agression sexuelle dirigées à l'encontre d'un personnage connu, quels gestes et paroles étaient encore possibles.

Au fait, qu'est-ce qu'un comportement inapproprié ? Par rapport à quoi ? La morale ? Le contexte ? La victime ? Et qu'est-ce qui fait d'un comportement déplacé, une infraction et laquelle ?

Il n'est pas toujours facile de s'y retrouver dans des textes de lois qui ont été modifiés et enrichis au fil des années. Pour ne prendre que les plus récents, sait-on toujours que la fréquentation d'une prostituée est une infraction ? Que le voyeurisme est, dans certaines circonstances, réprimé ? Que le délit d'exhibition peut avoir lieu sans qu'une partie du corps soit dénudée ? Et qui connaît exactement les contours du harcèlement, de l'outrage ou de la corruption de mineur ? Les multiples utilisations d'internet par les délinquants sexuels ? Les peines parfois très lourdes, et notamment celles encourues pour des infractions qui pourraient paraître moins graves ?

Ce petit abécédaire a pour objectif de répondre à toutes ces questions et bien d'autres, de la manière la plus simple et la plus compréhensible, avec des exemples, le plus souvent tirés des décisions rendues par les tribunaux, tout en restant strictement dans le domaine du droit, et de fournir un maximum d'informations avec un minimum de mots. Il devrait convenir à celles et ceux qui veulent s'informer, qu'ils se soient ou non sentis menacés, aient été menacés, voire victimes.

Remarque :

Les mots marqués d'un astérisque renvoient aux différentes rubriques.

Les articles (art.) non suivis d'un nom de code sont ceux du Code pénal. Certains des autres codes sont cités en abrégé : CSS (code de la sécurité sociale), CPP (code de procédure pénale) et CCiv (code civil).

A

ABUS DE FONCTION

La fonction, par l'autorité, le respect, voire l'admiration qu'elle inspire, peut faciliter l'infraction en empêchant la victime de réagir. Pour ne citer que quelques exemples, il peut s'agir de médecins (cas le plus souvent relevé par les tribunaux) ou de soignants en général, d'enseignants, d'un employeur, de policiers aussi qui, ayant surpris une prostituée, l'ont contrainte à des attouchements pour ne pas dresser procès-verbal.

En cas d'abus de la fonction, les peines sont donc sensiblement alourdies pour la plupart des infractions :

– Viol*. Vingt ans de réclusion criminelle (art. 222-24 5°).

– Atteinte sexuelle par un majeur sur un mineur de moins de quinze ans*. Sept ans d'emprisonnement et 100 000 euros d'amende (art. 227-25).

– Agression sexuelle*. Sept ans d'emprisonnement et 100 000 euros d'amende (art. 222-28 3°) et, si la victime est d'une particulière vulnérabilité* pour des raisons physiques (âge, maladie, infirmité, déficience physique ou psychique ou état de grossesse) ou d'une précarité* de sa situation économique ou sociale, apparente ou connue de son agresseur, à dix ans et 150 000 euros (art. 222-30 3°). S'il s'agit d'une personne réduite en esclavage*, trente années de réclusion criminelle au lieu de vingt (224-1-C).

- Harcèlement sexuel*. Trois ans d'emprisonnement et 45 000 euros d'amende (art. 222-33).

– Outrage sexuel*. 3750 euros d'amende (art. 222-33-1-1 1°).

– Recours à la prostitution*. Sept ans d'emprisonnement et 100 000 euros d'amende (art. 225-12-2).

– Proxénétisme*. Dix ans d'emprisonnement et 1 500 000 euros d'amende (art. 225-7 5° et 6°).

– Traite des êtres humains* (recrutement, transport, transfert, hébergement ou accueil d'une personne ayant permis les infractions de proxénétisme, d'agression ou d'atteintes sexuelles). Sept ans d'emprisonnement et 150 000 euros d'amende dans un certain nombre de circonstances (art. 225-4-1).

– Voyeurisme*. Deux ans d'emprisonnement et 30 000 euros d'amende (art. 226-3-1 1°).

ACCIDENT DE TRAVAIL

Les infractions sexuelles subies sur le lieu de travail constituent une faute intentionnelle permettant à la victime de l'employeur ou de ses préposés (collègues) de bénéficier de prestations et d'indemnités par l'assurance maladie au titre de l'accident de travail tout en ayant la possibilité d'exercer un recours contre l'auteur pour le surplus de son préjudice (arts. L452-5 CSS et 706-3 CPP).

ACTE BUCCO-GÉNITAL

Pour qu'une agression sexuelle soit qualifiée de viol*, il faut un acte de pénétration* sexuelle ou, depuis 2021, un acte bucco-génital, c'est-à-dire un contact sans pénétration, entre la langue et le sexe féminin (cunnilingus) ou le sexe masculin (fellation) (art. 222-23).

ACTES DE BARBARIE

Les actes de barbarie commis à l'occasion de certaines violences et infractions sexuelles entrainent une aggravation sensible de la peine.

Ainsi, pour le viol* : réclusion criminelle à perpétuité (art. 222-26), l'agression sexuelle* sur une personne réduite en esclavage ou son exploitation : vingt années de réclusion criminelle (art. 224-1-C) et le proxénétisme* : réclusion criminelle à perpétuité et 4 500 000 euros d'amende (art. 225-9). Il doit s'agir d'actes d'une gravité exceptionnelle dépassant les simples violences, accomplis avec la volonté de causer des souffrances aigues et de nier la dignité humaine. Ainsi, il a été jugé que l'introduction à deux reprises d'un bâton dans l'anus (qui est un viol) avec d'autres violences graves et humiliantes dans le contexte particulier d'une tentative d'extorsion de fonds n'était pas des actes de barbarie, l'intention n'étant pas suffisamment caractérisée.

Voir également *PROSTITUTION.*

AÉROPORTS

Voir *GARES.*

ÂGE

L'âge est un élément particulièrement important des violences et infractions sexuelles. Celui de la victime, celui de l'auteur, mais également la différence qu'il peut y avoir entre les deux.

1 - L'âge de la victime.

D'une part, l'âge est un facteur de vulnérabilité*, circonstance aggravante pour un certain nombre d'infractions sexuelles.

D'autre part, lorsque la victime est mineure*, s'ensuivra le plus souvent une aggravation sensible de la peine et certaines conséquences :

– Pour le viol* et l'agression sexuelle*, la contrainte* morale et la surprise* peuvent résulter d'une différence d'âge avec l'auteur des faits et de l'autorité* de droit ou de fait qu'il a sur le mineur, l'autorité de fait pouvant résulter elle-même d'une différence d'âge significative (art. 222-22-1 alinéa 2).

Quand le viol est qualifié d'incestueux comme étant commis par un ascendant ou un proche ayant autorité, la condition de contrainte*, violence*, menace* ou surprise* n'est plus nécessaire si la victime est mineure (voir *INCESTE)* (arts. 222-23-2).

Si le mineur a moins de quinze ans* - toujours pour le viol et l'agression sexuelle-, la contrainte morale et la surprise découlent automatiquement de son jeune âge qui la rend vulnérable faute de discernement (art. 222-22-1 alinéa 3). Une différence d'âge d'au moins cinq ans avec un auteur majeur suffit à caractériser l'infraction sans que la contrainte, la violence, la menace ou la surprise soient nécessaires, mais elle ne joue pas lorsque l'agression ou le viol a eu lieu en échange d'une rémunération, d'un avantage en nature ou de leur promesse (arts. 222-23-1 et 222-29-2).

– Pour la traite d'êtres humains*, un certain nombre de conditions nécessaires pour qu'il y ait infraction ne le sont plus dès lors que la victime est mineure.

2 - L'âge de l'auteur.

Comme indiqué ci-dessus, son âge est pris en considération lorsque, selon les cas, il est plus âgé, significativement plus âgé (victime mineure) ou majeur âgé de plus de cinq ans (victime de moins de quinze ans) que sa victime.

AGRESSION SEXUELLE EN GÉNÉRAL

Pour qu'il y ait agression sexuelle (viol ou autre) il faut une atteinte sexuelle* commise, soit avec violence*, contrainte*, menace* ou surprise*, soit sur un mineur* par un majeur dans certains cas prévus par la loi où ces conditions ne sont plus alors nécessaires (art. 222-22). L'atteinte sexuelle ainsi imposée peut être commise par l'auteur directement, par un tiers ou par la victime elle-même (art. 222-22-2).

Exemples : A est l'auteur, B le tiers qu'il a désigné et C la victime.

– Viol par pénétration : peu importe, s'agissant, par exemple, de l'introduction d'un objet quelconque, qu'elle soit faite par A ou B sur C ou par C sur elle-même.

– Viol par acte bucco-génital : peu importe qu'une fellation soit pratiquée par A ou B sur C ou par C sur A ou sur B.

– Autres agressions sexuelles : peu importe qu'une masturbation soit pratiquée par A ou B sur C ou que C soit forcée de la pratiquer sur elle-même.

La violence, la menace et la contrainte lorsqu'elle est physique, sont des comportements relativement faciles à caractériser (les violences et les menaces sont d'ailleurs sanctionnées pénalement en dehors de toute agression sexuelle).

Il en va différemment de la contrainte lorsqu'elle est morale et de la surprise. Aussi, lorsque la victime est mineure*, le Code pénal (art. 222-22-1 alinéa 1er) précise qu'elles peuvent résulter de la différence d'âge* existant entre elle et l'auteur des faits et de l'autorité de droit ou de fait que celui-ci a sur elle, cette autorité de fait pouvant être caractérisée par une différence d'âge significative avec la victime et, si elle est un mineur de quinze ans*, elles sont caractérisées par l'abus de la vulnérabilité* de la victime, celle-ci ne disposant pas du discernement nécessaire.

AGRESSIONS SEXUELLES AUTRES QUE LE VIOL

L'agression sexuelle (voir *AGRESSION SEXUELLE EN GÉNÉRAL*) autre que le viol* (soit sans pénétration* ou sans acte bucco-génital*) est punie de cinq ans d'emprisonnement et de 75 000 euros d'amende, mais les peines sont portées à sept ans et 100 000 euros (art. 222-28) dans un certain nombre de cas :

– Il y a eu blessure*, lésion* ou incapacité totale de travail* supérieure à huit jours.

– L'auteur est un ascendant* ou une personne ayant sur la victime une autorité* de droit ou de fait, le conjoint, le concubin ou le partenaire* d'un pacte civil de solidarité (PACS), a abusé de l'autorité* de ses fonctions*, a agi en groupe, a utilisé une arme* ne serait-ce que pour menacer, s'est servi d'un réseau de communication électronique*, était en état d'ivresse* manifeste ou sous l'emprise manifeste de stupéfiants*

– La victime se livre même occasionnellement à la prostitution* et se trouve dans l'exercice de son activité.

– Un mineur* était présent et a assisté. Tel ne serait pas le cas, par exemple, d'un mineur présent dans une chambre où se déroulent les faits, mais qui serait endormi.

– Une substance* (telle que le GHB) a été administrée à la victime, à son insu, afin d'altérer son discernement* ou le contrôle de ses actes.

Des peines de sept ans et 100 000 euros sont aussi encourues si la victime est particulièrement vulnérable* en raison de son âge, d'une maladie, d'une infirmité, d'une déficience physique ou psychique, de sa grossesse ou de la précarité* de sa situation économique ou sociale apparente ou connue de son auteur (art. 222-29).

Des peines encore plus importantes sont prévues, soit dix ans d'emprisonnement et 150 000 euros d'amende dans les cas suivants :

– La victime est mineure de moins de quinze ans* et, en outre, ou bien il y a eu violence, contrainte, menace ou surprise (art. 222-29-1), ou bien l'auteur est un majeur âgé de cinq de plus qu'elle, hormis le cas d'une rémunération, d'un avantage ou de leur promesse (art. 222-29-2)

– La victime est mineure* et l'auteur majeur est un ascendant*, un proche parent ou leur conjoint, concubin ou partenaire de PACS ayant autorité* de droit ou de fait sur elle (art. 222-29-3).

– La victime est particulièrement vulnérable (art. 222-30) et l'infraction a en outre entraîné une blessure* ou une lésion, a été commise par un ascendant* ou une personne ayant autorité* de droit ou de fait ou qui abuse de l'autorité de ses fonctions*, une personne agissant en état d'ivresse* manifeste ou sous l'emprise manifeste de produits stupéfiants*, en groupe*, ou avec usage ou menace d'une arme*, administration d'une substance* afin d'altérer le discernement ou le contrôle des actes.

– Exploitation de l'esclavage*. Lorsqu'elle est commise sur une personne dont la réduction en esclavage* est apparente ou connue de l'auteur, l'agression sexuelle est considérée comme l'exploitation d'une personne réduite en esclavage punie de vingt années de réclusion criminelle avec période de sûreté* (art. 224-1-B).

– Prostitution*. Lorsque l'agression sexuelle est commise sur une personne qui se livre à la prostitution, même occasionnellement, dans l'exercice de cette activité (art. 222-28 9°).

*Dénonciation**. La non-dénonciation aux autorités judiciaires ou administratives d'agressions ou atteintes sexuelles sur un mineur* ou une personne qui n'est pas en mesure de se protéger (voir *VULNÉRABILITÉ**) est punie de trois ans d'emprisonnement et de 45 000 euros d'amende portés à cinq ans et 75 000 euros si le mineur a moins de quinze ans sauf pour les personnes astreintes au secret*, à moins que la loi en décide autrement (art. 434-3)

Intention. Le seul fait d'administrer à une personne, à son insu, une substance* de nature à altérer son discernement ou le contrôle de ses actes afin de commettre à son égard une agression sexuelle est puni de cinq ans d'emprisonnement et de 75 000 euros d'amende (art. 222-30-1).

Si l'agression sexuelle a eu lieu, la peine est de sept ans d'emprisonnement et 100 000 euros d'amende (art. 222-28 11°).

Si la substance est administrée à un mineur de moins de quinze ans* ou une personne particulièrement vulnérable, la peine est de sept ans et 100 000 euros (art 222-30-1). Lorsque l'agression sexuelle a effectivement eu lieu contre la personne dont la particulière vulnérabilité* est apparente ou connue de l'auteur, la peine passe à dix ans et 150 000 euros (art. 222-30 8°).

*Traite d'êtres humains**. Le recrutement, le transport, le transfert, l'hébergement ou l'accueil de la victime afin d'en disposer ou de la mettre à disposition d'un tiers, même non identifié, en vue de proxénétisme*, d'agression ou d'atteintes sexuelles est considéré comme la traite d'êtres humains* punie de sept ans d'emprisonnement et de 150 000 € d'amende dans un certain nombre de circonstances (art. 225-4-1) :

Menace*, contrainte*, violence* ou manœuvre dolosive* envers la victime, sa famille ou une personne en relation habituelle avec elle.

– Auteur ascendant* légitime, naturel ou adoptif, personne ayant autorité* ou abusant de l'autorité de ses fonctions*, abusant d'une vulnérabilité* apparente ou connue de lui

– Rémunération* ou avantage* et leur promesse.

Si la victime est mineure*, la traite d'êtres humains est constituée même sans ces circonstances et punie de dix ans d'emprisonnement et de 1 500 000 € d'amende.

En cas de *conflit armé*, exercer sur une personne protégée par le droit international (prisonnier de guerre, par exemple) des violences sexuelles est un crime de guerre puni de la réclusion criminelle à perpétuité (art. 461-4).

AMÉNAGEMENT DE PEINE

En cas d'infractions de nature sexuelle, les expertises psychiatriques* préalables aux aménagements de peine doivent porter sur le risque de récidive (art. 712-21 CPP).

AMENDE FORFAITAIRE

En cas d'outrage sexuel*, y compris s'il y a récidive, l'action publique peut être éteinte par le versement d'une amende forfaitaire d'un montant de 300 euros. Le montant de l'amende est susceptible de minoration forfaitaire (250 euros) et de majoration (600 euros) (art. 222-33-1-1 II).

ANIMAUX

Les atteintes sexuelles* sur un animal domestique, apprivoisé ou tenu en captivité sont punies de trois ans d'emprisonnement et 45 000 euros d'amende, portés à quatre ans et 60 000 euros lorsqu'elles sont commises en réunion*, en présence d'un mineur* ou par le propriétaire ou le gardien de l'animal, étant précisé que les soins médicaux et d'hygiène nécessaires ainsi que les actes nécessaires à l'insémination artificielle ne peuvent être considérés comme des atteintes sexuelles.

Les coupables personnes physiques encourent également des peines complémentaires* d'interdiction définitive de détenir un animal et d'exercer une activité professionnelle ou sociale s'ils ont sciemment usé des facilités procurées par cette activité pour préparer ou commettre l'infraction.

De leur côté, les personnes morales*encourent des peines d'amende, d'interdictions diverses, confiscation, fermeture et affichage ou diffusion de la décision (art. 521-1-1).

Lorsqu'il condamne le propriétaire ou si le propriétaire est inconnu, le tribunal statue sur le sort de l'animal dont il peut prononcer la confiscation et prévoir qu'il sera remis à une fondation* ou à une association* de protection animale qui pourra librement en disposer.

La simple proposition ou sollicitation d'atteintes sexuelles sur un animal est punie d'un an d'emprisonnement et de 15 000 euros d'amende. (art. 521-1-3).

Enregistrer* sciemment des images de l'infraction est un acte de complicité puni des mêmes peines et le fait de les diffuser* sur internet est lui-même puni de deux ans d'emprisonnement et de 30 000 euros d'amende sauf s'il s'agit de contribuer à un débat public d'intérêt général ou à servir de preuve en justice. (art. 521-1-2). Sont visés, les sites zoophiles.

En revanche, un vétérinaire* peut informer l'autorité judiciaire d'une atteinte sexuelle* sur un animal constatée dans le cadre de son exercice sans être tenu au secret professionnel (art. 226-14 5°).

Les associations* dont l'objet est la défense et la protection des animaux et les fondations* reconnues d'utilité publique peuvent se constituer partie civile pour les infractions de nature sexuelle sur les animaux (art. 2-13 CPP).

ANTÉCÉDENTS JUDICIAIRES

Un traitement automatisé des données à caractère personnel (traitement d'antécédents judiciaires) permet de conserver les données des majeurs mis en cause dans les agressions sexuelles*, les atteintes sexuelles sur mineur de moins de quinze ans*ou sur mineur* de plus de quinze ans aggravées, la corruption* de mineur, le proxénétisme*, le viol*, la traite des êtres humains* pendant quarante ans (arts. R 40-23 et R 40-27 CPP).

ARME

L'usage ou même la simple menace d'une arme pour commettre des violences sexuelles entraîne une aggravation sensible de la peine encourue. Il peut s'agir d'une arme par nature (révolver, couteau, etc.), d'une arme par destination (tout objet utilisé comme une arme tel qu'un bâton, une pierre), une arme factice ou un animal (chien dangereux, par exemple).

Pour le viol*, vingt ans de réclusion criminelle (art. 222-24).

Pour l'agression sexuelle*, sept ans d'emprisonnement et 10 000 euros d'amende (art. 222-28 5°) et même dix ans et 150 000 euros si la victime est une personne d'une particulière vulnérabilité physique ou résultant de la précarité de sa situation économique ou sociale, apparente ou connue de l'auteur (art. 222-30 5°).

Pour le proxénétisme*, c'est le simple fait d'être porteur d'une arme qui fait passer les peines à dix ans d'emprisonnement et 1 500 000 euros d'amende (art. 225-7 7°).

Les personnes dont le bulletin n° 2 du casier judiciaire mentionne une condamnation pour viol*, agression sexuelle*, exhibition* ou harcèlement* ne peuvent acquérir ou détenir des armes et des munitions (art. L312-3 du code de la sécurité intérieure).

ASCENDANT

L'ascendance (parents, grands-parents, arrière- grands-parents) de l'auteur est une autre cause d'aggravation de la peine encourue pour les violences sexuelles.

Pour la plus grave, le viol*, elle est portée à vingt ans de réclusion criminelle.

Pour l'agression sexuelle*, elle passe à sept ans d'emprisonnement et 100 000 euros d'amende (art. 222-28 2°) et même à dix ans et 150 000 euros dans deux cas :

– L'ascendant est majeur et la victime mineure*(art. 222-29-3).

– La victime est particulièrement vulnérable* en raison de son âge, d'une maladie, d'une infirmité, d'une déficience physique ou psychique ou d'un état de grossesse, ou de la précarité de sa situation économique ou sociale si sa vulnérabilité est apparente ou connue de l'auteur (art. 222-30 2°).

Lorsqu'elle est commise sciemment sur une personne réduite en esclavage*, l'agression sexuelle est assimilée à l'exploitation de cette personne et punie de vingt années de réclusion criminelle et de trente si l'auteur est un ascendant légitime ou adoptif, avec une période de sûreté (arts. 224-1-B et 224-1-C).

Pour le harcèlement sexuel*, la peine est portée à trois ans d'emprisonnement et 45 000 euros d'amende (art. 222-33 8°).

Pour le proxénétisme*, à dix ans d'emprisonnement et de 1 500 000 euros d'amende si l'auteur est un ascendant légitime, naturel ou adoptif de la personne qui se prostitue (art. 225-7 5°).

Le recrutement d'une personne, son transport, son transfert, son hébergement ou son accueil pour en disposer ou la mettre à disposition d'un tiers, même non identifié, en vue de permettre le proxénétisme*, des agressions* ou atteintes sexuelles*, est considéré, dans certaines circonstances, comme la traite d'êtres humains* punie de sept ans d'emprisonnement et de 150 000 euros d'amende lorsque l'auteur est un ascendant légitime, naturel ou adoptif. Si la victime est un mineur, la peine passe à dix ans et 1 500 000 euros, quelles que soient les circonstances (arts. 225-4-1 2° et 225-4-II).

Par ailleurs, le viol, les agressions sexuelles et les atteintes sexuelles sont qualifiées d'incestueuses* lorsqu'elles sont commises sur un mineur par un ascendant (arts. 222-23-2, 222-29-3 et 227-27-2-1). Si l'auteur a l'autorité parentale*, le juge doit se prononcer sur son retrait total ou partiel ou le retrait de son exercice y compris concernant les frères et sœurs mineurs de la victime (arts. 222-31-2 et 227-27-3).

ASILE

Voir *MUTILATIONS.*

ASSOCIATIONS

Les associations d'aide aux victimes disposant d'un agrément pour une compétence générale, ou une compétence spécialisée dans les violences sexuelles, peuvent apporter aux victimes de ces violences et à leur demande, une prise en charge globale, pluridisciplinaire, gratuite et individualisée (arts. D 12-1 et D 12-2 CPP).

Les associations déclarées depuis au moins cinq ans à la date de l'infraction peuvent se constituer partie civile :

– Celles dont l'objet est de lutter contre les violences sexuelles, le harcèlement sexuel et les violences familiales, pour les agressions* et autres atteintes* sexuelles sous réserve que la victime ait été majeure et avec son accord (art. 2-2 CPP).

– Celles dont l'objet est la défense ou l'assistance de l'enfant en danger et victime de toutes formes de maltraitance, pour les agressions et autres atteintes sexuelles sur mineur (art. 2-3 CPP).

– Celles dont l'objet est de combattre les discriminations fondées sur le sexe, les mœurs, l'orientation sexuelle ou l'identité de genre, pour les discriminations consécutives à un harcèlement sexuel* (art. 2-6 CPP).

– Celles dont l'objet est de défendre à assister les personnes malades, handicapées ou âgées, pour les agressions et autres atteintes sexuelles commises en raison de l'état de santé, du handicap ou de l'âge de la victime (art. 2-8 CPP).

– Celles dont l'objet est la défense et la protection des animaux, pour les infractions sexuelles sur les animaux* (art. 2-13 CPP).

– Celles de parents d'élèves, de jeunesse et de défense de l'enfance en danger, pour la vente d'objets pornographiques à proximité d'un établissement d'enseignement (art. 99 de la loi 87-588 du 30/07/1987).

Les associations de défense des droits des femmes et promouvant l'égalité entre les hommes et les femmes peuvent s'associer aux établissements scolaires* pour l'accomplissement de leurs missions d'information sur les violences sexuelles et la prostitution.

ATTEINTE À LA VIE PRIVÉE

Voir *IMAGES, PAROLES, VIE PRIVÉE.*

ATTEINTE SEXUELLE

Le Code pénal vise l'atteinte sexuelle sans la définir expressément. La différence avec l'agression* se déduit de l'absence de violence, menace, contrainte ou surprise.

Elle n'est punissable que dans des cas très précis en raison de la vulnérabilité* de la victime (mineur, animal, traite d'êtres humains).

Un contact corporel tel qu'un baiser, un attouchement ou une caresse est nécessaire. Ainsi, ne commet pas une atteinte sexuelle, mais une exhibition sexuelle* celui qui se contente de s'exhiber et de se masturber. L'atteinte peut ne pas concerner une zone sexuelle dès lors qu'elle provoque une excitation sexuelle chez l'auteur. Exemple : l'érection provoquée par des caresses sur la jambe d'un enfant.

Il faut aussi une intention. Il a été jugé que des baisers sur la poitrine et des massages du dos d'une petite fille impubère n'étaient pas des attouchements sexuels. De même, les caresses sur les fesses d'enfants par une institutrice dont il n'est pas démontré qu'elle a agi avec une intention lubrique ou impudique.

*Mineurs.** En cas d'atteinte sexuelle, si le mineur a moins de quinze ans*, la peine est de sept ans d'emprisonnement et de 100 000 euros d'amende. (art. 227-25). Dix ans et 150 000 euros lorsque l'auteur est majeur et a une autorité* de droit ou de fait, abuse de l'autorité* de ses fonctions*, est en état d'ivresse* manifeste ou sous l'emprise manifeste de produits stupéfiants*, agit en groupe* ou a pris contact avec le mineur par l'intermédiaire d'un réseau de communication électronique* (art. 227-26).

S'il a plus de quinze ans la peine n'est plus que de cinq ans et 45 000 euros et seulement si l'auteur est majeur et qu'il a, ou bien une autorité* de droit ou de fait sur la victime, ou bien abuse de l'autorité* de ses fonctions* (art. 227-27).

*Animaux**. Les atteintes sexuelles sur un animal domestique, apprivoisé ou tenu en captivité sont punies de trois ans d'emprisonnement et 45 000 euros d'amende portés à quatre ans et 60 000 euros lorsqu'elles sont commises en réunion*, en présence d'un mineur* ou par le propriétaire ou le gardien de l'animal (art. 521-1-1).

*Traite d'êtres humains**. Le recrutement d'une personne, son transport, son transfert, son hébergement ou son accueil pour en disposer ou la mettre à disposition d'un tiers, même non identifié, en vue de permettre des atteintes sexuelles*, est considéré, dans certaines circonstances, comme la traite d'êtres humains punie de sept ans d'emprisonnement et de 150 000 euros d'amende (art. 225-4-1).

ATTOUCHEMENT

Voir *ATTEINTE SEXUELLE.*

AUDITION DE LA VICTIME

La victime de violences sexuelles peut demander à être entendue par un enquêteur du même sexe sous réserve de ne pas faire obstacle au bon déroulement de l'enquête, notamment s'il y a urgence (art. D 1-6 CPP).

Elle doit être entendue par des enquêteurs spécialement formés ou avec leur aide (art. D 1-7 CPP).

AUTORITÉ DE DROIT OU DE FAIT

1 - L'autorité que peut exercer l'auteur sur la victime de différentes manières (sa proximité familiale, sa fonction*) constitue une circonstance aggravante pour la plupart des violences et autres infractions sexuelles et même parfois suffit à caractériser le délit :

Viol et agression sexuelle. Lorsque le viol* ou l'agression sexuelle* sont commis par une personne ayant une autorité de droit ou de fait ou qui abuse de l'autorité de ses fonctions*, la peine est portée à vingt ans de réclusion criminelle pour le viol. Pour l'agression sexuelle, c'est sept ans d'emprisonnement et 100 000 euros d'amende et même dix ans et 150 000 euros dans le cas où l'auteur est le conjoint, le concubin ou le partenaire de PACS ou si la victime est particulièrement vulnérable, et jusqu'à trente années de réclusion criminelle si elle est réduite en esclavage (arts. 222-24 4° et 5°, 222-28 2° et 3°, 222-29-3 222-30-2° et 3° et 224-1 C).

*Atteintes sexuelles*sur mineurs.* Si le mineur a moins de quinze ans*, la peine est portée à dix ans et 150 000 euros lorsque l'auteur est majeur et a une autorité* de droit ou de fait ou abuse de l'autorité* de ses fonctions* (art. 227-26) et, s'il a plus de quinze ans, l'infraction est constituée et punie de cinq ans et 45 000 euros dans les mêmes conditions (art. 227-27).

*Harcèlement sexuel**. La peine est portée à trois ans d'emprisonnement et 45 000 euros d'amende en cas d'autorité de droit ou de fait ou d'abus de l'autorité des fonctions (arts. 222-33-III 1° et 8°).

*Outrage**. La peine est portée à 3750 euros d'amende s'il est commis par une personne ayant abusé de l'autorité de ses fonctions* (art. 222-33-1-1 1°).

*Recours à la prostitution**. Les peines portées à sept ans d'emprisonnement et à 100 000 euros d'amende lorsque l'auteur abuse de l'autorité de ses fonctions* (art. 225-12-2).

*Proxénétisme**. Il est puni plus sévèrement de dix ans d'emprisonnement et de 1 500 000 euros d'amende lorsque l'auteur a autorité sur la personne qui se prostitue ou abuse de l'autorité de ses fonctions* (art. 225-7 5°).

*Voyeurisme**. User de tout moyen pour apercevoir les parties intimes* cachées à la vue des tiers, à l'insu ou sans le consentement* de l'intéressé, est puni plus sévèrement de deux ans d'emprisonnement et de 30 000 euros d'amende lorsque l'auteur abuse de l'autorité de ses fonctions* (art. 226-3-1).

*Traite d'êtres humains**. Le recrutement, le transport, le transfert, l'hébergement ou l'accueil d'une personne pour disposer ou la mettre à la disposition d'un tiers, même non identifié, en vue permettre le proxénétisme, une agression ou des atteintes sexuelles* est considéré comme la traite d'êtres humains punie de sept ans d'emprisonnement et de 150 000 euros d'amende du seul fait que l'auteur a autorité sur elle ou abuse de l'autorité de ses fonctions (art. 225-4-1).

2 - La question de l'autorité relève de l'appréciation du juge. Elle ne peut résulter du seul sentiment de soumission éprouvé par la victime ou de la seule cohabitation. N'a pas non plus autorité celui qui rend visite à une famille sans partager une communauté de vie, et même l'existence d'un PACS ne suffit pas à elle seule à établir l'autorité de fait.

Quelques exemples tirés de la jurisprudence :

Autorité de fait. Le fils d'une nourrice, du fait qu'il vit avec sa mère et l'enfant qui lui a été confié et qu'il lui arrive de le garder, ou son mari ; celui que la victime considérait comme son deuxième père.

Autorité de la fonction. Un infirmier à l'hôpital ou un médecin pendant sa consultation ; le directeur d'un centre d'accueil pour jeunes en difficulté ; un chef scout.

AUTORITÉ DE LA FONCTION

Voir *ABUS DE FONCTION, FONCTIONS.*

AUTORITÉ PARENTALE

1 - Seuls les titulaires de l'autorité parentale peuvent donner leur consentement à la fixation, l'enregistrement ou la transmission d'images à caractère sexuel d'un mineur (art. 226-1).

2 - Dans tous les cas de viol, agression sexuelle ou atteinte sexuelle incestueux sur mineur, si l'auteur a l'autorité parentale sur le mineur, le juge doit se prononcer sur son retrait total ou partiel ou sur le retrait de son exercice concernant le mineur lui-même, mais également ses frères et sœurs mineurs (arts. 222-31-2 et 227-27-3).

AVANTAGE

Le Code pénal traque tous les moyens utilisés par les délinquants pour parvenir à leurs fins et parmi eux tout avantage proposé à la victime. En raison de la multiplicité des formes que peut prendre l'avantage (augmentation, promotion et bien d'autres), c'est aux juges qu'il appartient d'apprécier, au cas par cas, si l'infraction est bien constituée.

1 - Un avantage effectivement procuré ou seulement promis peut être à l'origine même de l'infraction.

– Il peut s'adresser à la victime en vue de faciliter l'infraction.

*Recours à la prostitution**. Le fait de solliciter, d'accepter ou d'obtenir des relations sexuelles d'un(e) prostitué(e) en échange d'un avantage en nature ou de sa promesse est puni d'une amende pour contravention de 5e classe (1500 euros maximum) et de différentes peines complémentaires (art. 611-1).

*Traite d'êtres humains**. Le recrutement, le transport, le transfert, l'hébergement ou l'accueil d'une personne en échange ou contre l'octroi d'un avantage ou de sa promesse pour la mettre à sa disposition ou à la disposition d'un tiers, même non identifié, afin de permettre à son encontre les infractions de proxénétisme*, d'agression* ou d'atteintes sexuelles* est considéré comme la traite d'êtres humains punie de sept ans d'emprisonnement et de 150 000 euros d'amende (art. 225-4-1)

*Mutilations**. Proposer un avantage quelconque à un mineur pour qu'il se soumette à une mutilation* sexuelle est puni de sept ans d'emprisonnement et de 100 000 euros d'amende (art. 227-24-1).

– Ou à un tiers sous forme d'incitation.

Le seul fait de proposer un avantage quelconque à quelqu'un pour l'inciter à commettre un viol y compris à l'étranger* est puni de dix ans d'emprisonnement et 150 000 euros d'amende (art. 222-26-1), pour qu'il commette certaines infractions : proxénétisme ou infractions sur mineurs (corruption, images, atteintes sexuelles), de sept ans et 100 000 euros s'il s'agit d'un crime et de3 ans et 45 000 euros s'il s'agit d'un délit (art. 227-28-3) et, pour commettre une mutilation sexuelle sur un mineur, de sept ans et 150 000 euros (art. 227-24-1).

2 - Il peut aussi influer sur la nature de l'infraction.

Ainsi, il n'y aura pas viol ou agression sexuelle par un majeur sur un mineur âgé de moins de quinze ans dans le cas où la différence d'âge entre les deux est d'au moins cinq ans, si les faits sont commis en échange d'un avantage en nature ou de sa promesse* (arts. 222-23-1 et 222-29-2), mais un recours prohibé à la prostitution de ce mineur. (voir *PROSTITUTION*).

B

BAISER

Voir *ATTEINTE SEXUELLE.*

BANDE ORGANISÉE

La bande organisée est, selon la loi, tout groupement ou entente caractérisés par un ou plusieurs faits matériels et destinés à préparer une ou plusieurs infractions (art. 132-71). Elle se distingue en cela du groupe ou de la réunion qui sont aussi des circonstances aggravantes de certaines infractions sexuelles (voir *GROUPE*) et peuvent être formés spontanément sans être nécessairement organisés dans le but bien précis de commettre ces infractions.

Les faits matériels caractéristiques de la bande organisée peuvent être, par exemple, des réunions préparatoires, une organisation minutieuse, des stratagèmes.

Lorsque les violences et les autres infractions sexuelles sont commises en bande organisée, la peine est aggravée :

*Proxénétisme**. Vingt ans de réclusion criminelle et de 3 000 000 euros d'amende avec période de sûreté* (art. 225-8).

*Corruption de mineurs**. Dix ans d'emprisonnement et un million d'euros d'amende (art. 227-22).

*Incitation** par un majeur d'un mineur par un moyen de communication électronique* à commettre tout acte de nature sexuelle sur lui-même ou sur ou avec un tiers. Dix ans d'emprisonnement et 150 000 euros d'amende (art. 227-22-2).

*Pédopornographie**. Dix ans d'emprisonnement et 500 000 euros d'amende (art. 227-23).

BLESSURE

Si une agression sexuelle a entraîné une blessure, la peine est aggravée et passe à sept ans d'emprisonnement et 100 000 euros d'amende (art. 222-28) et, si elle est commise sur une personne particulièrement vulnérable, à dix ans et 150 000 euros (art. 222-30 1°).

Voir également *MUTILATION, INFIRMITÉ, INCAPACITÉ TEMPORAIRE TOTALE, LÉSION.*

C

CADAVRE

Le viol et les agressions sexuelles sur un cadavre ne sont pas réprimés en tant que tels, mais dans le cadre plus vaste de l'atteinte à l'intégrité du cadavre, par quelque moyen que ce soit, punie d'un an d'emprisonnement et de 15 000 euros d'amende et de deux ans et 30 000 euros si elle a lieu après violation ou profanation de tombeaux ou de sépultures (art. 225-17).

Par ailleurs, le meurtre qui précède un autre crime (sexuel en l'espèce tel que le viol) est puni de la réclusion criminelle à perpétuité au lieu de trente ans (art. 221-2).

CAPTATION DE PAROLES

Voir *PAROLES.*

CARESSE

Voir *ATTEINTE SEXUELLE.*

CASIER JUDICIAIRE

La faculté donnée aux tribunaux d'exclure la mention d'une condamnation du bulletin n° 2 du casier judiciaire n'est pas applicable aux personnes condamnées pour agressions sexuelles.

CASTRATION

Voir *MUTILATIONS.*

CINÉMA

Les aides financières au cinéma sont subordonnées à la prévention du harcèlement sexuel et aux mesures propres à y mettre un terme et à le sanctionner résultant des dispositions du Code du travail (art. 122-17 du code du cinéma).

À noter que la mairie de Paris conditionne à partir du 1/01/2025 ses autorisations de tournage à la signature d'une charte contre les violences sexistes et sexuelles par les sociétés de production.

Voir *DISCRIMINATION, HARCÈLEMENT.*

CIRCONSTANCES AGGRAVANTES

Sur un plan général, le Code pénal prévoit certaines circonstances aggravantes telles que la bande organisée, l'utilisation d'une arme ou la qualité de conjoint, concubin ou partenaire de PACS (arts. 132-71 à 132-80) que l'on retrouve, avec bien d'autres, pour les infractions de nature sexuelle.

Voir *ABUS DE FONCTIONS, ACTES DE BARBARIE, ASCENDANT, AUTORITÉ, BANDE ORGANISÉE, BLESSURE, CONJOINT, CONCUBIN OU PARTENAIRE DE PACS, DÉPENDANCE, FONCTIONS, GROUPE, INCAPACITÉ TEMPORAIRE TOTALE DE TRAVAIL, INCESTE, INFIRMITÉ, IVRESSE, LÉSION, MANŒUVRES DOLOSIVES, MINEUR, MINEUR DE QUINZE ANS, MISE EN DANGER, MORT, MUTILATIONS, PRÉCARITÉ, RÉCIDIVE, RÉSEAU DE COMMUNICATION ÉLECTRONIQUE, STUPÉFIANTS, SUBSTANCES PSYCHOACTIVES, TORTURES, VULNÉRABILITÉ.*

CIIVISE

Il s'agit de la *Commission indépendante sur l'inceste et les violences sexuelles faites aux enfants* installée le 21 mars 2021 avec pour objectifs de connaître et faire connaître l'ampleur des violences sexuelles faites aux enfants et leurs mécanismes et y sensibiliser la société ainsi que les professionnels au contact des enfants et de formuler des recommandations pour renforcer la culture de la prévention et de la protection dans les politiques publiques.

Dans un rapport intermédiaire du 31 mars 2022, elle estime que 160 000 enfants sont victimes de violences sexuelles chaque année en France dont 90 % de femmes, que 5,4 millions d'hommes et de femmes ont été victimes de violences sexuelles dans leur enfance et que les violences subies durant l'enfance et l'adolescence sont 8 fois sur 10 incestueuses.

Dans son rapport final du 17 novembre 2023, elle fait 82 préconisations, dont le questionnement systématique, la mise en sécurité immédiate et la création d'un parcours de soins.

Elle a été reconduite en décembre 2023 avec des missions élargies.

Voir également *PRÉJUDICE.*

COMMISSION DÉPARTEMENTALE (PROSTITUTION)

Il existe dans chaque département une commission de lutte contre la prostitution, le proxénétisme et la traite des êtres humains aux fins d'exploitation sexuelle présidée par le préfet dont l'objet est la protection et l'assistance des victimes, la sortie de la prostitution et l'insertion sociale et professionnelle (art. R 121-12-6 du code de l'action sociale et des familles).

COMMISSION D'INDEMNISATION (CIVI)

Voir *PRÉJUDICE.*

COMPARUTION SUR RECONNAISSANCE DE CULPABILITÉ

Les auteurs d'un délit d'agression sexuelle* puni d'une peine inférieure ou égale à cinq ans d'emprisonnement peuvent être jugés selon cette procédure sur décision du procureur de la République, à leur demande ou celle de leur avocat (art. 495-7 CPP).

COMPÉTENCE

Les crimes sont de la compétence des cours d'assises à l'exception de ceux commis par des majeurs punis de quinze à vingt ans de réclusion criminelle en l'absence de récidive légale* (viol, par exemple) qui relèvent désormais des cours criminelles départementales composées exclusivement de magistrats. 91 % des affaires jugées par celles-ci sont des viols pour lesquels une peine de 9,2 ans d'emprisonnement a été en moyenne prononcée.

Les délits (agression, harcèlement, exhibition, outrage, proxénétisme, entre autres) sont de la compétence des tribunaux correctionnels.

Les contraventions (recours à la prostitution) sont de la compétence des tribunaux de police.

COMPLICITÉ

1 - D'une manière générale, le complice d'un crime ou d'un délit est celui qui sciemment, par aide ou assistance, en a facilité la préparation ou la réalisation ou qui par don, promesse, menace, ordre, abus d'autorité ou de pouvoir a provoqué à une infraction ou donné des instructions pour la commettre. Il est puni comme l'auteur (arts. 121-6 et 121-7).

Cette définition vaut pour les violences et autres infractions sexuelles. Ainsi le complice sera puni comme l'auteur lorsqu'il aura agi en groupe* dans les cas de harcèlement sexuel*, de proxénétisme*, de voyeurisme*, de viol ou d'agressions sexuelles aggravés sur mineurs* (arts. 222-33 5°, 225-7 9°, 226-3-1, 222-24 et 227-26).

2 - Mais dans le cas particulier du viol*, des agressions sexuelles* et du harcèlement sexuel* ou d'atteintes sexuelles sur un animal*, la complicité résulte également de l'enregistrement* sciemment, par quelque moyen que ce soit, sur tout support, des images de ces infractions et les peines seront en outre aggravées en cas de diffusion*.

Exception toutefois pour l'enregistrement, la diffusion ou la consultation des images ayant pour objet d'informer le public, de contribuer au débat public ou de servir de preuve en justice (arts. 222-33-3 et 521-1-2).

Voir également *PROVOCATION.*

COMPORTEMENT

Tout comportement à connotation sexuelle imposé à autrui qui porte atteinte à sa dignité en raison de son caractère dégradant ou humiliant ou crée à son encontre une situation intimidante, hostile ou offensante est un outrage* puni d'une amende pour contravention de 5e classe (maximum 1500 euros) et d'une peine complémentaire consistant en un stage* ou un travail d'intérêt général* (art. R 625-8-3).

Exemples : des propositions sexuelles (pour les mineurs de quinze ans, il s'agit d'un délit, voir *PROPOSITIONS*), des gestes obscènes, voire des questions inappropriées sur la vie, les habitudes sexuelles.

CONJOINT, CONCUBIN OU PARTENAIRE DE PACS

1 - Le viol et les agressions sexuelles ont lieu quels que soient les liens entre l'auteur et la victime : concubinage, PACS et, comme le précise expressément la loi, mariage (art. 222-22 al 2).

Ils sont même plus sévèrement réprimés lorsqu'ils sont commis par un conjoint, un concubin ou un partenaire de

PACS : vingt ans de réclusion criminelle (contre quinze) pour le viol et sept ans d'emprisonnement et 100 000 euros d'amende (contre cinq et 75 000) pour les agressions sexuelles (arts. 222-24 11° et 222-28-7°).

Une liaison récente n'est pas suffisante pour caractériser le concubinage. Le fait que le conjoint ait une résidence séparée est indifférent.

2 - Le viol* et les agressions sexuelles* sont aussi qualifiés d'incestueux* dès lors qu'ils sont commis non seulement par les membres de la famille, mais par leur conjoint, leur concubin ou partenaire de PACS majeur, sous réserve qu'il ait sur la victime une autorité de droit ou de fait, même en l'absence de violence, de contrainte, de menace ou de surprise (art. 222-22-3). Les peines sont alors portées à vingt ans de réclusion criminelle pour le viol (arts. 222-23-2 et 222-23-3) et à dix ans d'emprisonnement et 150 000 euros d'amende pour les agressions (art. 227-29-3).

L'existence d'un PACS ne suffit pas à elle seule à établir l'autorité de fait.

Enfin, sont également qualifiées d'incestueuses les atteintes sexuelles sur les mineurs commises par les mêmes (art. 227-27-2-1 3°).

3 - En dehors de ces cas précis, ils peuvent être poursuivis pour différentes infractions s'ils ont une autorité de fait ou de droit. Voir *AUTORITÉ.*

CONSEIL SUPÉRIEUR DE L'AUDIOVISUEL

Lorsque des mineurs ont accès à un site diffusant un contenu pornographique en violation de l'article 227-24 du code pénal, le président du Conseil supérieur de l'audiovisuel, d'office, sur saisine du ministère public ou de toute personne physique ou morale ayant intérêt à agir, doit mettre le site en demeure de prendre toute mesure pour empêcher l'accès des mineurs à ce contenu et, en cas d'inexécution, saisir le président du tribunal judiciaire de Paris pour en faire ordonner la suppression (art. 23 de la loi 2020-936 du 30/07/2020 et décret 2021-1036 du 7/10/2021).

CONSENTEMENT

L'absence de consentement de la victime est nécessaire pour que les violences et certaines autres infractions sexuelles soient caractérisées.

1 - Ainsi, pour les viols* et les agressions sexuelles*, la violence*, la contrainte*, la menace* ou la surprise* qui sont exclusives de tout consentement doivent être retenues par le juge, sous réserve des dispositions relatives aux mineurs*. Une modification législative serait envisagée pour introduire la notion plus générale d'absence de consentement de la victime comme élément constitutif de ces infractions, comme cela existe déjà dans différents pays tels que le Canada, la Suède ou l'Espagne. Le principe serait que tout acte sexuel doit être précédé et accompagné d'un consentement librement donné et qu'il appartient à la personne à l'initiative de l'acte ou de la demande d'acte de vérifier que son ou sa partenaire est d'accord.

2 - Les délits d'atteinte volontaire à l'intimité de la vie privée* commis au moyen d'un procédé quelconque portant sur des paroles* ou des images* présentant un caractère sexuel prises dans un lieu public ou privé et punis de deux ans d'emprisonnement et 60 000 euros d'amende, doivent avoir été commis sans le consentement de la personne qui a prononcé les paroles ou est représentée par l'image.

Il appartient là aussi au juge d'apprécier s'il y a eu ou pas consentement, mais la loi précise ici que lorsque l'auteur a agi au vu et au su des intéressés sans qu'ils s'y soient opposés alors qu'ils étaient en mesure de le faire, leur consentement est présumé.

Lorsque l'intéressé est un mineur,* le consentement doit émaner des titulaires de l'autorité parentale (art. 226-1).

Mais le consentement donné pour la réalisation de l'enregistrement ou de l'image ne vaut pas pour leur diffusion pour laquelle il faut un accord supplémentaire à défaut duquel les mêmes peines sont encourues (art. 226-2-1).

CONSULTATION

Voir *PÉDOPORNOGRAPHIE.*

CONTRAINTE

La contrainte qui est l'un des éléments constitutifs des agressions sexuelles*, peut être physique ou morale (art. 222-22-1). Exemples : physique, elle consistera à maintenir la tête de la victime pour lui imposer une fellation ; morale, elle résultera de la vulnérabilité d'une patiente par rapport à son médecin ou de la crainte d'une jeune femme envers un directeur despotique.

Mais la contrainte n'est pas toujours nécessaire pour caractériser le viol, les agressions sexuelles ou la traite d'êtres humains lorsque la victime est un mineur*. Il suffit que l'auteur soit majeur et que, ou bien le mineur ait moins de quinze ans et la différence d'âge soit de cinq ans, ou bien, si le mineur a plus de quinze ans que le majeur soit un proche (viol, viol incestueux et agressions sexuelles) ou qu'elle soit mineure sans autre condition (traite d'êtres humains) (arts. 222-23-1, 222-23-2, 222-29-2, 222-29-3 et 225-4-1). Voir *MINEUR, MINEUR DE QUINZE ANS.*

CORRUPTION DE MINEUR

1 - Favoriser ou tenter de favoriser la corruption d'un mineur est puni de cinq ans d'emprisonnement et de 75 000 euros d'amende et sept ans et 100 000 euros lorsque le mineur a été mis en contact par un réseau de communications électroniques* ou si les faits sont commis

dans les établissements d'enseignement ou d'éducation*ou dans les locaux de l'administration et lors des entrées ou sorties des élèves ou du public ou dans un temps très voisin, aux abords de ces établissements ou locaux.

Les mêmes peines sont notamment applicables si un majeur organise des réunions comportant des exhibitions* ou des relations sexuelles auxquelles un mineur* assiste ou participe en connaissance de cause.

Les peines sont portées à dix ans et 150 000 euros lorsque le mineur à moins de quinze ans* et à dix ans et un million d'euros lorsque les faits ont été commis en bande organisée* (art. 227-22).

On notera que la tentative* est réprimée comme le délit lui-même.

2 - En quoi consiste exactement cette infraction ?

Le Code pénal évoque une situation assez claire : des exhibitions et relations sexuelles au cours de réunions organisées par un majeur. Il suffit dans ce cas que le mineur y soit présent ou y participe sciemment pour que l'infraction soit commise sans que le majeur ait eu une quelconque intention à l'égard du mineur, les faits se suffisant à eux-mêmes.

Mais pour le reste ? La corruption suppose que le majeur ait voulu pervertir. Son comportement peut prendre des formes diverses : des paroles, des écrits (correspondances, dessins ou photographies érotiques), une incitation, des conseils ou des actes (actes ou attitudes obscènes comme, par exemple, le fait pour un photographe de se masturber devant son modèle pour tenter de le débaucher) dès lors que la perversion du mineur est recherchée à travers eux. Dans le cas contraire, le délit ne sera pas constitué comme, par exemple, le fait de chercher simplement à séduire le mineur, de se contenter de photographier sa nudité sans rechercher des poses suggestives ou sadomasochistes, de tenir des propos licencieux et de vagues conseils.

Le recours à internet est aujourd'hui un mode privilégié de corruption des mineurs en raison de sa facilité d'emploi, de son anonymat qui permet d'user de stratagèmes pour atteindre les mineurs et les amener à se livrer à des actes érotiques que le majeur pourra au surplus enregistrer, qui justifie une aggravation des peines. Un exemple : se faire passer pour une adolescente afin de mettre en confiance la victime mineure et l'amener à se déshabiller et à se livrer à des actes pornographiques devant sa webcam. Ces faits constituent aujourd'hui un délit à part entière.

Voir *INCITATION, PROPOSITIONS.*

Une autre cause d'aggravation des peines est la protection du mineur dans le cadre scolaire. Plus précisément lorsque la corruption ou sa tentative a lieu dans un établissement scolaire (la notion d'établissement d'éducation est très vaste) y compris dans ses locaux administratifs (on a pu penser qu'il s'agissait des locaux de toutes les administrations, mais il s'agit seulement de ceux des établissements scolaires à quelque moment que ce soit). Également aux abords de cet établissement, mais seulement à l'occasion des entrées et sorties des élèves ou du public (parents d'élèves, enfants non scolarisés dans l'établissement, par exemple).

Voir également *PERSONNES MORALES.*

CRIMES DE GUERRE

En cas de conflit armé, contraindre une personne protégée par le droit international (prisonnier de guerre, par exemple) à se prostituer ou exercer des violences sexuelles sur elle est puni de la réclusion criminelle à perpétuité (art. 461-4).

CRIMES ET DÉLITS FLAGRANTS

Il s'agit des crimes et délits qui sont en train de se commettre ou viennent de l'être. Pour en rechercher et découvrir l'auteur présumé en fuite, des mesures telles que perquisition, saisie ou confiscation de documents ou objets, constatations et examens techniques ou scientifiques peuvent être prises à l'encontre des personnes inscrites au fichier judiciaire national automatisé des auteurs d'infractions sexuelles* (arts. 74-2, 706-53-5 et 56 à 62 CPP).

CUMUL D'INFRACTIONS

Une condamnation à la fois pour agression sexuelle et pour viol est possible. Ainsi, bien que les faits se soient déroulés dans le même temps, la culpabilité de l'auteur a pu être retenue pour attentat à la pudeur avec violence (aujourd'hui agression sexuelle) pour avoir caressé les seins de la victime, et pour tentative de viol pour avoir mis un préservatif et n'avoir pu la pénétrer qu'en raison d'une déficience momentanée.

De même, un cumul est possible avec un outrage, un harcèlement ou une exhibition.

D

DANGEROSITÉ

Voir *RÉTENTION DE SÛRETÉ, SURVEILLANCE DE SÛRETÉ.*

DANSE

Voir *INTERDICTION D'EXERCICE.*

DÉLINQUANCE

Voir *STATISTIQUES.*

DÉNONCIATION

La dénonciation de certaines infractions sexuelles est rendue obligatoire par la loi. Elle est aussi rendue possible là où elle ne le serait normalement pas et même encouragée là où elle aurait peu de chances de se produire.

1 - Celui qui ayant connaissance d'agressions ou atteintes sexuelles infligées à un mineur ou à une personne qui n'est pas en mesure de se protéger en raison de son âge, d'une maladie, d'une infirmité, d'une déficience physique ou psychique ou d'un état de grossesse, n'en informe pas les autorités judiciaires ou administratives ou qui continue à ne pas les informer tant que ces infractions n'ont pas cessé est puni de trois ans d'emprisonnement et de 45 000 euros d'amende portés à cinq ans et 75 000 euros si le mineur a moins de quinze ans (art. 434-3).

Il faut évidemment une connaissance suffisante des faits. La vulnérabilité de la victime doit exister non seulement à la date des faits, mais également à la date où l'on en prend connaissance. L'obligation de dénoncer persiste même si l'infraction ne peut plus être poursuivie en raison de la prescription.

Il n'est pas obligatoire de révéler l'identité des victimes et des auteurs.

Exemples : la non-dénonciation d'attentats à la pudeur sur une élève par un directeur de collège ou de l'inceste d'un père sur sa fille par la mère.

La frontière est parfois tenue. Ainsi, il a été jugé en appel qu'un haut responsable religieux n'ayant pas transmis à la justice les faits dont il avait connaissance n'était pas coupable en l'absence d'élément intentionnel, car il n'avait pas dissuadé la victime de porter plainte alors qu'en première instance il l'avait été au motif d'avoir voulu couvrir l'institution.

2 - Le médecin* ou le professionnel de santé peut lui, avec l'accord de la victime, et même sans son accord s'il s'agit d'un mineur ou d'une personne qui n'est pas en mesure de se protéger en raison de son âge ou de son incapacité physique ou psychique, dénoncer les sévices qu'il a constatés et qui font présumer des violences sexuelles, sans enfreindre le secret professionnel. De même, le vétérinaire*, s'agissant d'une atteinte sexuelle sur un animal constatée dans le cadre de son exercice professionnel. Ces signalements ne peuvent pas non plus engager leur responsabilité civile, pénale ou disciplinaire sauf mauvaise foi (art. 226-14). Pour le surplus, voir *SECRET*

3- Enfin, la dénonciation à l'autorité administrative ou judiciaire des infractions de proxénétisme permet à celui qui a tenté de les commettre d'échapper à toute peine et aux auteurs et complices de bénéficier d'une réduction de moitié (vingt ans, dans le cas où la réclusion criminelle à perpétuité est encourue) si elle a permis de faire cesser l'infraction ou d'éviter la mort ou une infirmité permanente et d'identifier les éventuels autres auteurs ou complices (art. 225-11-1).

DÉNONCIATION CALOMNIEUSE

Dénoncer des infractions sexuelles contre un auteur précis en sachant que les faits sont totalement ou partiellement inexacts à la justice, à la police, aux autorités ayant le pouvoir d'y donner suite, à un supérieur hiérarchique ou un employeur, est puni de cinq ans d'emprisonnement et de 45 000 euros d'amende, en particulier si l'intéressé est acquitté ou relaxé définitivement (art. 226-10).

Sont concernées les prétendues victimes et ceux qui ont dénoncé à tort (voir *DÉNONCIATION*).

DÉPENDANCE

La dépendance de la victime constitue une circonstance aggravante pour certaines infractions sexuelles.

Il s'agit du viol* pour lequel la peine est portée à vingt ans de réclusion criminelle (art. 222-24 3° bis), du harcèlement sexuel* pour lequel elle est portée à trois ans d'emprisonnement et 45 000 euros d'amende (art. 222-33 4°) et de l'outrage* pour lequel elle est portée à 3750 euros d'amende (art. 222-33-1-1 4°).

Le Code pénal pose deux conditions :

– La dépendance doit résulter de la précarité de sa situation économique ou sociale.

– Elle doit être apparente ou connue de l'auteur. Exemples : Il existe des infractions spécifiques pour certaines catégories de personnes dépendantes (voir *PROSTITUTION, ESCLAVAGE, TRAITE D'ÊTRES HUMAINS*). Sur un plan plus général, il s'agit de protéger, par exemple, tous ceux qui ont peu ou pas de revenus, des SDF, des jeunes en errance lorsqu'ils ne sont pas protégés par ailleurs, comme les mineurs fugueurs (voir *MINEUR, MINEUR DE QUINZE ANS*). Les situations de dépendance pouvant être très diverses, il appartient aux juges de les apprécier au cas par cas.

DÉTENTION D'IMAGES

Voir *PÉDOPORNOGRAPHIE.*

DIFFAMATION

La diffamation qui consiste en une allégation ou imputation même exprimée sous forme dubitative d'un fait qui porte atteinte à l'honneur ou à la considération et en sa reproduction sera, par exemple, de porter une accusation d'infraction sexuelle répandue par différents moyens (presse, réseaux sociaux, etc.).

Elle est punie d'une amende de 12 000 euros, mais il est possible d'échapper à une condamnation, soit en démontrant la vérité des faits (en l'espèce l'infraction sexuelle) sauf s'ils concernent la vie privée, soit en prouvant sa bonne foi qui consistera notamment en une absence d'intention malveillante et d'animosité personnelle. La bonne foi a été admise, par exemple, pour des accusations diffusées sept ans après les faits, mais dont la victime avait à l'époque fait part à ses proches qui l'avaient alors dissuadée de porter plainte, ou pour un comportement déplacé reconnu et diffusé avec certaines précautions dans le seul but d'attirer l'attention sur de tels comportements. Pour les infractions sexuelles commises contre les mineurs, si la preuve du fait diffamatoire est rapportée, le prévenu ne sera pas condamné (arts. 29, 32 et 35 de la loi du 29/07/1881).

DIFFUSION D'IMAGES OU DE PAROLES

La diffusion de paroles et surtout d'images de certaines infractions sexuelles est strictement interdite :

– *Atteintes volontaires les plus graves à l'intégrité des personnes (viol*, agressions sexuelles*, harcèlement sexuel**). La diffusion des enregistrements qui ont pu en être faits est punie de cinq ans d'emprisonnement et de 75 000 euros d'amende sauf si elle résulte de l'exercice normal d'une profession ayant pour objet d'informer le public ou doit servir de preuve en justice (art. 222-33-3).

– *Atteintes à la vie privée**. La transmission par tous procédés sans le consentement de la personne concernée de paroles ou d'images à caractère sexuel enregistrées ou prises dans un lieu public ou privé est punie de deux ans d'emprisonnement et à 60 000 euros d'amende (art. 226-2-1).

– *Atteintes sexuelles sur les animaux**. La diffusion sur internet de l'enregistrement d'images de telles atteintes sur un animal domestique, apprivoisé ou tenu en captivité est punie de deux ans d'emprisonnement et de 30 000 euros d'amende sauf si cette diffusion ou la consultation de ces images a pour but d'apporter une contribution à un débat public d'intérêt général ou à servir de preuve en justice (art. 521-1-2).

Il a été jugé que la diffusion résultait de la simple possession d'un ordinateur en libre accès par un logiciel de partage.

Voir aussi *PÉDOPORNOGRAPHIE.*

DISCRIMINATION

1 - Ceux qui ont subi, refusé de subir ou témoigné de harcèlement sexuel* ne peuvent, pour cette raison, faire l'objet de mesures discriminatoires telles qu'un refus d'un bien ou d'un service, une entrave à l'exercice normal d'une activité économique, un refus d'embauche ou de stage, ou se voir proposer un bien ou un service, un emploi ou un stage à certaines conditions pour les mêmes raisons.

Le délit de discrimination remonte à 2001, mais il ne concernait à l'époque qu'essentiellement les mœurs, l'orientation sexuelle, l'âge, la race, le handicap, les opinions c'est-à-dire des situations que l'on peut retrouver partout en toutes circonstances qui ont donné lieu à une jurisprudence abondante. La discrimination relative au harcèlement sexuel n'est apparue qu'en 2012 et son domaine est beaucoup plus restreint ; il concerne surtout l'entourage de la victime qui est susceptible de l'écarter ou de faire pression sur elle (menaces, chantage), par exemple, pour étouffer des faits de harcèlement ou pour se venger : l'employeur, le supérieur hiérarchique, la relation d'affaires, notamment.

Une telle discrimination est punie de trois ans d'emprisonnement et de 45 000 euros d'amende portés à cinq ans et 75 000 euros lorsque le refus d'un bien ou d'un service intervient dans un lieu accueillant du public ou pour en interdire l'accès (arts. 225-1-1 et 225-2).

Des peines d'amende et des peines complémentaires notamment d'interdiction d'exercice, de fermeture, d'exclusion des marchés, de confiscation peuvent frapper les personnes morales (art. 225-4).

Une exception toutefois pour l'accès aux biens et aux services lorsque la discrimination fondée sur le sexe est justifiée par la protection des victimes de violences à caractère sexuel (art. 225-3 4°).

2 - Dans les relations de travail, un salarié ne peut, pour les mêmes raisons, être sanctionné, licencié ou faire l'objet de mesures discriminatoires concernant notamment la rémunération, la formation, le reclassement, l'affectation, la qualification, la classification, la promotion, les horaires de travail, l'évaluation de la performance, la mutation ou le renouvellement de contrat (arts. L1153-2 et L1121-2 du code du travail). La discrimination est ici punie d'un an

d'emprisonnement et 3750 euros d'amende (art. L1155-2 du code du travail).

Il en va de même pour les fonctionnaires en général (art. L133-3V du code de la fonction publique) et les militaires en particulier (art. L4123-10-1 du code de la défense).

DONS

1 - Proposer des dons ou des présents à quelqu'un pour qu'il commette certaines infractions sexuelles est puni alors que l'infraction n'a été ni commise ni même tentée. En raison de la multiplicité des formes que peut prendre le don, c'est aux juges qu'il appartient d'apprécier au cas par cas si l'infraction est bien constituée.

Ainsi, pour commettre un viol*, y compris à l'étranger*, dix ans d'emprisonnement et 150 000 € d'amende (art. 222-26-1).

Pour commettre une agression sexuelle*, y compris à l'étranger, cinq ans d'emprisonnement et 75 000 euros d'amende, peines portées à sept ans et à 100 000 € s'il s'agit d'un mineur (art. 222-30-2).

Pour commettre des faits de proxénétisme*, de corruption*, d'atteinte à la vie privée* ou d'atteintes sexuelles* à l'encontre d'un mineur*, trois ans d'emprisonnement et 45 000 euros d'amende pour un délit et sept ans et 100 000 euros pour un crime (art. 227-28-3).

Pour commettre une mutilation sexuelle* sur la personne d'un mineur, lorsque cette mutilation n'a pas été réalisée, sept ans d'emprisonnement et de 100 000 euros d'amende (art. 227-24-1).

2 - Proposer des dons ou des présents à un mineur pour qu'il se soumette à une mutilation sexuelle est puni, lorsque cette mutilation n'a pas été réalisée, de sept ans d'emprisonnement et de 100 000 € d'amende (art. 227-24-1).

Lorsque les infractions ont été commises, le don est considéré comme un acte de complicité*.

DROGUES

Voir *STUPÉFIANTS, SUBSTANCES PSYCHOACTIVES.*

DROIT D'ASILE

La vulnérabilité* des demandeurs d'asile fait l'objet d'une évaluation qui vise, notamment, à identifier les personnes qui ont subi des viols, des violences ou des mutilations sexuelles* féminines (art. L522-3 du code de l'entrée et du séjour des étrangers et du droit d'asile).

Par ailleurs, un examen médical peut être demandé aux mineurs demandeurs d'asile, de sexe féminin invoquant un risque de mutilation sexuelle, ou de sexe masculin invoquant un risque de mutilation sexuelle de nature à altérer leurs fonctions reproductrices (art. L531-11 du code de l'entrée et du séjour des étrangers et du droit d'asile).

La mineure bénéficiant d'une protection au titre de l'asile qui invoque un risque de mutilation sexuelle doit, tant que ce risque existe et qu'elle est mineure, se soumettre à un examen médical visant à constater l'absence de mutilation (art. L561-8 du code de l'entrée et du séjour des étrangers et du droit d'asile).

DROIT DU TRAVAIL

Voir *HARCÈLEMENT, DISCRIMINATION.*

E

ÉBATS AMOUREUX

Voir *EXHIBITION, TAPAGE NOCTURNE.*

ÉGLISE

Voir *INIRR*

EMPLACEMENT (PROXÉNÉTISME)

Voir *LOCAUX.*

EMPREINTES GÉNÉTIQUES

Le fichier national automatisé des empreintes génétiques centralise les empreintes génétiques issues des traces biologiques des personnes déclarées coupables de différentes infractions sexuelles (arts. 706-54 et 706-55 CPP).

ENQUÊTE EUROPÉENNE

L'enquête qu'un État membre de l'Union Européenne peut demander à la justice française ne peut être refusée lorsqu'il s'agit de traite d'êtres humains*, d'exploitation sexuelle d'enfants (voir *MINEUR, MINEUR DE QUINZE ANS*) et pédopornographie*, ou de viol* (art. 694-32 CPP).

ENREGISTREMENT D'IMAGES

Voir *IMAGES, PÉDOPORNOGRAPHIE.*

ENREGISTREMENT DE PAROLES

Voir *PAROLES.*

ENSEIGNEMENT

Voir *PEINES COMPLÉMENTAIRES, INTERDICTIONS D'EXERCER, FONCTIONS.*

ESCLAVAGE

La réduction d'une personne en esclavage est un crime puni de vingt ans de réclusion criminelle que la loi (art. 224-1-A) définit comme le fait de se l'approprier comme une chose c'est-à-dire exercer sur elle les attributs du droit de propriété qui sont normalement d'en user et d'en disposer à sa guise.

Agresser sexuellement* une personne dans cet état pour autant qu'il soit apparent ou connu de l'auteur est considéré comme l'exploitation d'une personne réduite en esclavage, crime puni également de vingt années de réclusion criminelle avec période de sûreté* (art. 224-1-B). Tel serait, par exemple, le cas d'une personne séquestrée pas nécessairement à des fins sexuelles sur laquelle seraient commis un ou des viols et autres agressions sexuelles non seulement par l'auteur de la séquestration, mais aussi par des tiers de ses relations ou des clients si elle était contrainte à la prostitution.

La peine est portée à trente années de réclusion criminelle avec période de sûreté dans plusieurs cas (art. 224-1-C) :

- La victime est un mineur*, une personne dont la vulnérabilité* (âge, maladie, infirmité, déficience physique ou psychique ou état de grossesse) est apparente ou connue de l'auteur.

– L'auteur est un ascendant*, une personne qui a autorité* sur la victime, qui abuse de l'autorité de ses fonctions* ou dont les fonctions consistent précisément à lutter contre l'esclavage ou au maintien de l'ordre public.

– Le crime est précédé ou accompagné de tortures* ou d'actes de barbarie*.

ÉTABLISSEMENT (PROXÉNÉTISME)

Voir *LOCAUX.*

ÉTABLISSEMENT D'ENSEIGNEMENT OU D'ÉDUCATION

Les écoles, les collèges et les lycées remplissent une mission d'information sur les violences, y compris en ligne à raison d'au moins trois séances annuelles et par groupes d'âge homogène des élèves, et une obligation de sensibilisation des enseignants aux violences sexuelles ainsi qu'aux mutilations sexuelles féminines et à la formation au respect du non-consentement.

Ils assurent également une mission d'information sur les réalités de la prostitution et les dangers de la marchandisation du corps.

Ils ont la possibilité de s'associer à des associations spécialisées et des personnes qualifiées pour mener à bien ces missions.

Voir également *ASSOCIATIONS, CORRUPTION DE MINEUR.*

ÉTRANGER

Les pays étrangers et leurs ressortissants sont concernés à différents titres par les infractions sexuelles.

1 - Infractions commises à l'étranger.

D'une manière générale, la loi française punit tout crime commis par un Français à l'étranger ce qui est le cas du viol* ou de certaines formes de proxénétisme* aggravé (victime mineure de moins de quinze ans, bande organisée, tortures ou actes de barbarie). Mais ces formes de proxénétisme aggravé commises à l'étranger sont spécialement réprimées par la loi française également lorsque l'auteur est un étranger résidant habituellement en France (art. 225-11-2)

Elle réprime aussi certaines infractions sexuelles de moindre gravité commises à l'étranger (même si elles ne sont pas punissables selon la loi locale) par un Français ou par un étranger résidant habituellement en France.

Ainsi, les agressions sexuelles* (art. 222-22 al 3), le recours à la prostitution* en récidive ou sur un mineur ou une personne vulnérable (art. 225-12-3), certaines formes de proxénétisme* qui ne sont pas des crimes sur une personne incitée à se livrer à la prostitution hors de France (arts. 225-7 4°, 225-11-2) et les atteintes à la vie privée* des mineurs (corruption*, images* pornographiques, atteintes sexuelles*) (art. 227-27-1).

De même, le fait de faire des offres ou des promesses de dons, présents ou avantages à quelqu'un pour qu'il commette un viol* hors de France, quand le viol n'a été ni commis ni même tenté (art. 222-26-1).

2 - Infractions dont les étrangers sont auteurs ou victimes en France.

Les étrangers condamnés pour avoir commis sur un mineur de quinze ans l'infraction de violences ayant entrainé une mutilation* ou une infirmité* ou s'en être rendus complices ne peuvent obtenir une carte de résident (art. L 432-3 du code de l'entrée et du séjour des étrangers et du droit d'asile).

Les infractions sexuelles commises par les étrangers sont par ailleurs susceptibles de constituer une menace pour l'ordre public justifiant le refus de leur délivrer une carte de séjour ou de résident ou d'entrainer leur expulsion (arts. L432-1 et L631-1 du code de l'entrée et du séjour des étrangers et du droit d'asile). Une condamnation pénale n'est pas nécessaire.

Le proxénétisme* envers une personne étrangère incitée à se livrer à la prostitution à son arrivée en France est une circonstance entrainant une aggravation de la peine (art. 225-7 4°).

Les victimes de violences sexuelles familiales ou conjugales dont la communauté de vie a été rompue ne peuvent se voir retirer leur titre de séjour dès lors qu'il leur a été délivré au titre du regroupement familial (art. 423-18 du code de l'entrée et du séjour des étrangers et du droit d'asile). Voir *DROIT D'ASILE, ENQUÊTE EUROPÉENNE, MUTILATIONS, VULNÉRABILITÉ.*

EUROJUST

L'Agence Eurojust est un organe de l'Union européenne chargé de promouvoir et d'améliorer la coordination et la coopération entre les autorités judiciaires des États membres qui doit être informée des procédures susceptibles de donner lieu à une coopération judiciaire relatives à la traite d'êtres humains, aux abus sexuels ou exploitation sexuelle, y compris pédopornographie et sollicitation d'enfants à des fins sexuelles (art. 695-8-2 CCP).

EUROPE

Voir *ENQUÊTE EUROPÉENNE, EUROJUST.*

ÉVALUATION PERSONNALISÉE

La victime d'une infraction sexuelle peut bénéficier d'une évaluation personnalisée pour déterminer si des mesures de protection spécifiques sont nécessaires compte tenu notamment de son préjudice*, des circonstances de l'infraction, de sa vulnérabilité*, d'un risque d'intimidation ou de représailles, ou d'une emprise (art. D 1-3 CPP).

EXAMEN MÉDICAL

Voir *EXPERTISE, MALADIES SEXUELLEMENT TRANSMISSIBLES, MUTILATIONS.*

EXCISION

Voir *MUTILATIONS.*

EXHIBITION

1 - L'exhibition sexuelle est punie d'un an d'emprisonnement et de 15 000 euros d'amende dès lors qu'elle s'impose à la vue des autres dans un lieu accessible aux regards.

Elle consiste à dénuder les parties de son corps se rattachant à l'acte sexuel comme, par exemple, uriner sur la voie publique ou, pour une femme, montrer sa poitrine dans la rue, exception faite toutefois si les faits ont lieu dans un cadre naturiste. Un geste obscène sans nudité (homme prenant son sexe à travers son short) n'est pas une exhibition sexuelle. Ce serait aujourd'hui un outrage sexuel.

Mais elle consiste également à commettre un acte sexuel, réel ou simplement simulé* sans qu'il y ait nécessairement nudité, comme se masturber ou mimer un rapport sexuel.

Il peut s'agir d'un lieu public (rue, plage ou autre) comme d'un lieu privé si des précautions suffisantes n'ont pas été prises pour échapper à la vue des tiers : un jardin, une fenêtre, un véhicule, y compris de nuit. Mais pas un champ non accessible aux regards ou un véhicule garé dans un parking dont il faut s'approcher pour regarder à l'intérieur.

Si elle intervient au préjudice d'un mineur de moins de quinze ans*, les peines sont portées à deux ans et à 30 000 euros (art. 222-32). Voir également *CORRUPTION DE MINEUR.*

2 - Encourt les peines prévues pour la corruption de mineur,* le majeur qui organise des réunions comportant des exhibitions auxquelles un mineur assiste ou participe, ou y assiste lui-même en connaissance de cause (art. 227-22).

EXPERTISES

Différentes expertises peuvent concerner les auteurs comme les victimes.

1 - Les personnes poursuivies pour la plupart des infractions sexuelles doivent être soumises, avant tout jugement au fond, à une expertise médicale qui peut être ordonnée dès l'enquête par le procureur de la République. Elle peut déboucher sur une injonction de soins* et doit être communiquée à l'administration pénitentiaire en cas de condamnation à une peine privative de liberté (arts. 706-47 et 706-47-1 CPP).

Les expertises psychiatriques préalables aux aménagements de peine doivent, s'agissant d'infractions sexuelles, porter spécialement sur le risque de récidive (art. 712-21 CPP).

2 - Les mineurs victimes peuvent faire l'objet dès l'enquête d'une expertise médico-psychologique pour apprécier la nature et l'importance de leur préjudice subi et la nécessité de traitements ou de soins appropriés (art. 706-48 CPP).

F

FAMILLE

Voir *INCESTE, MARIAGE.*

FICHIERS

1 - Le fichier judiciaire national automatisé des auteurs d'infractions sexuelles ou violentes centralise les informations fournies par le service du casier judiciaire afin de prévenir le renouvellement de ces infractions (art. 706-53-1 CPP). Il mentionne l'identité et l'adresse des auteurs y compris notamment en cas de condamnation non définitive, d'irresponsabilité pénale et même de mise en examen en cas de crime ou sur décision du juge d'instruction (art. 706-53-2 CPP).

Voir également *CRIMES ET DÉLITS FLAGRANTS.*

L'inscription est obligatoire lorsque la peine encourue est de cinq ans d'emprisonnement ou plus (art. 706-53-2 CPP).

Les personnes inscrites au fichier judiciaire national automatisé des auteurs d'infractions sexuelles ou violentes le sont au fichier des personnes recherchées qui permet leur surveillance par les services de police et de gendarmerie (art. 230-19 15° CPP).

L'instruction en famille des enfants est interdite aux personnes inscrites au fichier pour une condamnation définitive (art. L131-11-1 du code de l'éducation nationale).

2 - Le fichier national automatisé des empreintes génétiques centralise les empreintes génétiques issues des traces biologiques des personnes déclarées coupables de différentes infractions sexuelles (arts. 706-54 et 706-55 CPP).

FIXATION D'IMAGES

Voir *IMAGES.*

FONCTIONNAIRES

Voir *DISCRIMINATION, HARCÈLEMENT, INTERDICTION D'EXERCER.*

FONCTIONS

1 - Les fonctions exercées par l'auteur de l'infraction sexuelle peuvent avoir une importance dans la mesure où elles lui donnent une autorité dont il a pu user ou abuser pour parvenir à ses fins. Voir *ABUS DE FONCTION.*

2 - Mais les fonctions exercées peuvent être aussi la cause exclusive d'une aggravation des peines sans qu'il y ait nécessairement abus d'autorité, dans le cas d'agression sexuelle d'une personne réduite en esclavage lorsque l'auteur était précisément appelé par ses fonctions à participer à la lutte contre l'esclavage* ou au maintien de l'ordre public (art. 224-1-C 4°).

FONDATIONS

Les fondations reconnues d'utilité publique peuvent se constituer partie civile pour les agressions et autres atteintes sexuelles si la victime était majeure et avec son accord (art. 2-2 CPP), les agressions et autres atteintes sexuelles sur mineur (art. 2-3 CPP), les discriminations consécutives à un harcèlement sexuel (art. 2-6 CPP), les infractions sexuelles sur les animaux (art. 2-13 CPP), les agressions et autres atteintes sexuelles commises en raison de l'état de santé, du handicap ou de l'âge de la victime (art. 2-8 CPP).

FONDS DE GARANTIE (FGTI)

Voir *PRÉJUDICE.*

FROTTEURS

Les frotteurs opèrent dans les transports en commun et spécialement le métro dans lesquels ils profitent de la promiscuité pour frotter leur sexe contre des femmes. Il existe une brigade dédiée pour les débusquer.

Leur comportement est une agression sexuelle commise par surprise.

Voir *AGRESSION SEXUELLE EN GÉNÉRAL, SURPRISE.*

G

GARES

Le voyeurisme* est puni plus sévèrement de deux ans d'emprisonnement et de 30 000 € d'amende lorsqu'il est commis dans un lieu d'accès à un transport collectif de voyageurs (art. 226-3-1).

GENRE

L'outrage sexuel* est puni plus sévèrement de 3750 euros d'amende s'il est commis en raison de l'identité de genre, vraie ou supposée (art. 222-33-1-1 7°).

GHB

Voir *STUPÉFIANTS, SUBSTANCES PSYCHOACTIVES.*

GROUPE

Les crimes et délits sexuels sont punis plus sévèrement lorsqu'ils sont commis par plusieurs individus sans qu'ils forment pour autant une bande organisée (voir *BANDE ORGANISÉE*) au sens de la loi et qu'ils aient notamment préparé leur forfait.

Ainsi, pour le viol, la peine est portée à vingt ans de réclusion criminelle s'il a été commis par plusieurs personnes agissant en qualité d'auteur ou de complice* (art. 222-24). Il n'est donc pas nécessaire que tous les membres du groupe soient coauteurs ; il suffit, par exemple, d'un seul auteur s'il a un ou plusieurs complices. Il n'est pas nécessaire non plus que tous les membres du groupe soient identifiés.

Il en va de même pour d'autres infractions commises en groupe :

– L'atteinte sexuelle* sur un mineur de quinze ans* punie de sept ans d'emprisonnement et de 100 000 € d'amende (art. 227-26).

– L'agression sexuelle* pour laquelle la peine est portée à sept ans d'emprisonnement et 100 000 euros d'amende (art. 222-28 4°) et si la victime est une personne dont la particulière vulnérabilité* physique (âge*, maladie, infirmité, déficience physique ou psychique ou état de grossesse ou résultant de la précarité* de sa situation économique ou sociale est apparente ou connue de son auteur, à dix ans d'emprisonnement et 150 000 euros d'amende (art. 222-30 4°).

– L'outrage sexuel* pour lequel la peine est portée à 3750 euros d'amende (art. 222-33-1-1-*5°)*.

– Le proxénétisme*, à dix ans d'emprisonnement et 1 500 000 euros d'amende (art. 225-7 9°).

– Le voyeurisme*, à deux ans d'emprisonnement et 30 000 euros d'amende (art. 226-3-1).

Il faut y ajouter les atteintes sexuelles sur un animal* domestique, apprivoisé ou tenu en captivité punies de quatre ans d'emprisonnement et 60 000 euros lorsqu'elles sont commises en réunion (art. 521-1-1).

Pour le harcèlement sexuel*, la peine est également aggravée à trois ans d'emprisonnement et 45 000 euros d'amende lorsqu'il est commis par plusieurs de manière répétée. Mais le fait d'agir à plusieurs permet aussi de caractériser le délit (puni alors de deux ans et 30 000 euros) quand bien même chacun n'aurait pas répété individuellement les faits, s'ils ont agi de manière concertée ou à l'instigation de l'un d'entre eux, ou qu'ils savaient que leurs propres propos ou comportements constituaient une répétition (arts. 222-33-III 5° et 222-33-I 1°). Exemple : un salarié se livre à un fait unique de harcèlement sur une collègue de travail en sachant qu'elle est déjà harcelée par d'autres de ses collègues.

GROUPE CENTRAL DES MINEURS VICTIMES (GCMV)

Voir *OFFICE CENTRAL POUR LA RÉPRESSION DES VIOLENCES AUX PERSONNES.*

H

HARCÈLEMENT (art. 222-33)

1 - Les conditions du harcèlement sexuel ne sont pas les mêmes selon qu'il est commis seul ou à plusieurs :

– Commis par un seul, il faut en principe qu'il impose à une personne, de façon répétée, des propos ou comportements à connotation sexuelle ou sexiste qui, soit portent atteinte à sa dignité en raison de leur caractère dégradant ou humiliant, soit créent à son encontre une situation intimidante, hostile ou offensante.

Le harcèlement est donc ici caractérisé par la répétition des faits et se différencie en cela de l'outrage*. Mais il n'est pas nécessaire que la répétition intervienne sur une longue période.

Il s'agit, le plus souvent, de faits qui se déroulent dans le cadre du travail : des propositions sexuelles répétées et insistantes faites à des salariées malgré leur refus, des attouchements répétés, des contraintes et menaces exercées sur plusieurs salariées nécessairement exclusives d'un sentiment amoureux sincère.

L'envoi de lettres violentes et menaçantes à connotation sexuelle est une forme de harcèlement. Mais de simples lettres et poèmes destinés à exprimer une passion amoureuse ne constituent pas un harcèlement sexuel dans la mesure où elles n'ont pas pour objet d'obtenir des faveurs sexuelles, pas plus que la tenue de propos, même non dénués d'arrière-pensées, simplement suggestifs, grivois ou grossiers, voire même une déclaration d'amour accompagnée de regards enjôleurs ou langoureux et d'un cadeau ; pas davantage le port de certaines tenues et l'invitation à une soirée échangiste impliquant un certain consentement.

Mais le harcèlement sexuel peut aussi avoir lieu sans que les faits soient répétés, en cas d'utilisation de toute forme de pression grave dans le but réel ou apparent d'obtenir un acte de nature sexuelle, que celui-ci soit recherché au profit de l'auteur des faits ou au profit d'un tiers. L'acte de nature sexuelle recherché peut consister en un simple contact destiné à assouvir un fantasme ou à provoquer le désir.

– Commis par plusieurs, il suffit qu'il intervienne soit de manière concertée ou à l'instigation de l'un d'eux, alors même que chacun n'a pas agi de façon répétée, soit successivement, même en l'absence de concertation, s'ils savent que leurs propos ou comportements caractérisent une répétition.

2 - La peine est de deux ans d'emprisonnement et de 30 000 euros d'amende.

Elle est portée à trois ans d'emprisonnement et 45 000 euros d'amende lorsque le harcèlement est commis :

– Par une personne qui abuse de l'autorité* de ses fonctions*, par plusieurs, par un ascendant* ou toute autre personne ayant sur la victime une autorité* de droit ou de fait.

– Sur un mineur de moins de quinze ans*, sur une personne d'une particulière vulnérabilité* physique ou d'une vulnérabilité* ou dépendance* résultant de la précarité* de sa situation économique ou sociale, apparente ou connue de l'auteur.

– En utilisant un service de communication en ligne ou un support numérique ou électronique*.

– En présence d'un mineur*.

3 - Le harcèlement peut aussi être à l'origine du délit de discrimination puni de trois ans d'emprisonnement et de 45 000 euros d'amende si une distinction a été faite entre des personnes parce qu'elles ont subi ou refusé de subir ou témoigné de faits de harcèlement sexuel dans certaines circonstances (voir *DISCRIMINATION*) (art. 225-1-1).

4 - Dans les relations de travail, l'employeur est tenu d'une obligation de sécurité et, à ce titre, doit tout faire pour prévenir le harcèlement sexuel notamment par une information concernant les sanctions et les autorités et services compétents, y mettre un terme et le sanctionner (art. L1153-5 du code du travail) et, dans les entreprises de plus de 250 salariés, désigner un référent (art. L1153-5-1 du code du travail).

Le salarié coupable de harcèlement encourt une sanction disciplinaire (art. L1153-6 du code du travail). Ainsi, est une cause réelle et sérieuse de licenciement la tenue envers des collègues, de manière répétée, de propos à connotation sexuelle, insultants et dégradants.

En cas de litige (consécutif à un licenciement, par exemple), c'est à la victime de présenter des éléments de fait laissant supposer l'existence d'un harcèlement et à l'employeur de prouver qu'ils ne sont pas constitutifs d'un tel harcèlement et que sa décision est étrangère à tout harcèlement (art. L1154-1 du code du travail).

Le harcèlement sexuel des fonctionnaires est également prohibé. La collectivité publique est tenue de protéger l'agent public contre les atteintes volontaires à l'intégrité de sa personne, les violences, les agissements constitutifs de harcèlement (art. 133-1 et 134-5 du code de la fonction publique).

Celui des militaires également qui ne peuvent être discriminés pour cause de refus, de recours ou de témoignage de bonne foi (art. L 4123-10-1 du code de la défense).

Voir également *CINÉMA, TRANSPORTS.*

HUIS CLOS

En cas de viol*, d'agression sexuelle* avec tortures* ou actes de barbarie*, de traite des êtres humains* ou de proxénétisme*aggravé, le huis clos est de droit si la victime ou l'une des victimes parties civiles le demande.

Pour les autres infractions sexuelles, il ne peut être ordonné que si elle ne s'y oppose pas (art. 306 CPP).

I

IDENTITÉ (VICTIME)

La diffusion de renseignements sur l'identité d'une victime d'agression ou d'atteinte sexuelle sans son accord est punie de 15 000 euros d'amende (art. 39 quinquies de la loi du 29/07/1881).

IMAGES

1 - L'enregistrement, la diffusion et même la détention, la consultation de certaines images à caractère sexuel peuvent constituer un acte de complicité*, voire une infraction à part entière.

– Viol, agression sexuelle*, harcèlement sexuel*, et atteinte sexuelle sur un animal*.*

L'enregistrement réalisé sciemment, par tout moyen et sur tout support, des images de l'infraction est un acte de complicité puni des mêmes peines que l'infraction. Leur diffusion est une infraction punie de deux ans d'emprisonnement et 30 000 euros d'amende s'agissant de l'atteinte sexuelle sur un animal et de cinq ans et 75 000 euros d'amende dans les autres cas, sauf s'il s'agit de l'exercice normal d'une profession ayant pour objet d'informer le public, de servir de preuve en justice ou encore (animaux) de contribuer à un débat public d'intérêt général (arts. 222-33-3 et 521-1-2).

– *Atteinte volontaire à l'intimité de la vie privée**.

Fixer, enregistrer ou transmettre des images à caractère sexuel prises dans un lieu public (accessible à tous : plage, rue) ou privé (inaccessible sauf autorisation : automobile, bateau, local privé, etc.) sans le consentement de l'intéressé est un délit puni de deux ans d'emprisonnement et 60 000 € d'amende. Lorsque les faits ont été accomplis au vu et au su des intéressés sans qu'ils s'y soient opposés, alors qu'ils étaient en mesure de le faire, leur consentement est présumé. S'il s'agit d'un mineur,* le consentement doit émaner des titulaires de l'autorité parentale (art. 226-1).

Les diffuser ou les porter à la connaissance du public ou d'un tiers sans son accord est puni des mêmes peines quand bien même elles auraient été obtenues avec son consentement (art. 226-2-1). Sont visés, essentiellement la presse et les réseaux sociaux.

L'exemple le plus fréquent est la sextape : les images peuvent avoir été prises à l'insu de l'intéressé ou avec son accord, mais la diffusion en sera faite sur internet sans qu'il le sache ou bien simplement utilisées pour obtenir des faveurs sexuelles ou tout autre contrepartie (argent, retrait de plainte) auquel cas d'autres infractions seront caractérisées tel un viol sous contrainte.

Peu importe que les images soient inexploitables.

Des photographies prises de l'extérieur à travers une fenêtre fermée sont une atteinte.

Pour cette infraction, il est nécessaire qu'une plainte de la victime, de son représentant légal ou de ses ayants droit soit déposée pour que des poursuites soient éventuellement engagées (art. 226-6).

– *Voyeurisme**.

Fixer, enregistrer ou transmettre des images prises à son insu ou sans son consentement des parties intimes d'une personne cachées à la vue des tiers par son habillement ou sa présence dans un lieu clos est puni plus sévèrement que se contenter de les apercevoir, de deux ans d'emprisonnement et de 30 000 euros d'amende (art. 226-3-1 6°). Exemple : prendre des photographies ou des vidéos au moyen d'un appareil dissimulé dans les toilettes, une salle de bains, des vestiaires, une cabine d'essayage.

– *Images à caractère pornographique de mineurs*.

Voir *PÉDOPORNOGRAPHIE*.

2 - La diffusion d'image permettant d'identifier une victime d'agression ou d'atteinte sexuelle sans son accord est punie de 15 000 euros d'amende (art. 39 quinquies de la loi du 29/07/1881).

INCAPACITÉ TEMPORAIRE TOTALE DE TRAVAIL

Lorsque l'agression sexuelle a entraîné une incapacité temporaire totale de travail supérieure à huit jours, la peine est aggravée et passe à sept ans d'emprisonnement et de 100 000 euros d'amende (art. 222-28).

INCESTE

1 - Les viols*, les agressions sexuelles*, d'une part, les atteintes sexuelles* sur les mineurs*, d'autre part, sont qualifiés d'incestueux lorsqu'ils sont commis par un ascendant (parents, grands- parents, arrière-grands-parents), un frère, une sœur, un oncle, une tante, un grand-oncle, une grand-tante, un neveu ou une nièce ou leur conjoint, concubin et partenaire de PACS (arts. 222-22-3 et 227-27-2-1).

Les peines du viol et de l'agression sexuelle incestueux commis par un majeur sur un mineur* sont de vingt ans de réclusion criminelle pour le viol (art. 222-23-3) et de dix ans d'emprisonnement et 150 000 € d'amende pour toute atteinte sexuelle réputée dans ce cas précis être une agression sexuelle (art. 222-29-3).

2 - Dans tous les cas de viol, agression sexuelle ou atteinte sexuelle incestueux sur mineur, si l'auteur a l'autorité parentale sur le mineur, le juge doit se prononcer sur son retrait total ou partiel ou sur le retrait de son exercice concernant le mineur lui-même, mais également ses frères et sœurs (arts. 222-31-2 et 222-27-3).

Voir également *CIIVISE.*

INCITATION

Le fait pour un majeur d'inciter un mineur, par un moyen de communication électronique*, à commettre un acte de nature sexuelle sur sa propre personne ou bien sur ou avec un autre, même si l'incitation n'est pas suivie d'effet, est puni de sept ans d'emprisonnement et de 100 000 euros d'amende, et de dix ans et 150 000 euros lorsque le mineur a moins de quinze ans*.

La peine est portée à dix ans et à un million d'euros si les faits ont été commis en bande organisée* (art. 227-22-2).

Voir *CORRUPTION DE MINEUR, PROVOCATION.*

INDEMNISATION

Voir *PRÉJUDICE.*

INFIRMITÉ PERMANENTE

L'infirmité permanente se distingue de l'incapacité permanente. Par exemple, n'est pas une infirmité un affaiblissement de la vue alors qu'une cécité totale l'est.

Elle peut consister également en une atteinte grave et définitive des facultés mentales de la victime. Exemple : le traumatisme causé par un viol ou toute autre infraction sexuelle.

De manière générale, les violences ayant entrainé une infirmité permanente sont punies de dix ans d'emprisonnement et 150 000 euros d'amende (art. 222-9). Trente ans de réclusion criminelle en cas d'enlèvement ou de séquestration (art. 224-2).

La peine encourue pour un viol est portée à vingt ans de réclusion criminelle s'il a entrainé une infirmité permanente (art. 222-23-3).

INFORMATION DE L'ADMINISTRATION

En cas de condamnation même non définitive d'une personne exerçant une activité professionnelle ou sociale en contact habituel avec des mineurs dont l'exercice est contrôlé par l'administration ou lorsqu'un contrôle judiciaire comportant l'interdiction d'exercer une telle profession a été mis en place, le procureur de la République doit en informer l'administration concernée (art. 706-47-4 CPP).

Ces dispositions ont vocation à s'appliquer tout particulièrement aux infractions sexuelles même commises sur des majeurs.

INIRR

L'Instance nationale indépendante de reconnaissance et de réparation a pour objectif de contribuer à la réparation qu'il convient d'apporter aux personnes victimes de violences sexuelles dans l'Église, quand elles étaient mineures. L'indemnisation est assurée par le Fonds de solidarité et de lutte contre les agressions sexuelles sur mineurs (SELAM).
Voir également *MINEUR PRÉJUDICE.*

INJONCTION DE SOINS

Les personnes poursuivies pour la plupart des infractions sexuelles doivent être soumises, avant tout jugement au fond, à une expertise médicale qui peut être ordonnée dès l'enquête par le procureur de la République et déboucher sur une injonction de soins*, en fonction de l'avis de l'expert.

Les condamnés pour ces mêmes infractions peuvent également être soumis à une injonction de soins dans le cadre d'un suivi socio-judiciaire ou postérieurement en cas de libération conditionnelle, surveillance judiciaire ou surveillance de sûreté.

Ces soins peuvent consister en un traitement inhibiteur de la libido (art. 706-47-1 CPP).

INTERDICTIONS D'EXERCER

Pour les interdictions d'exercer une fonction publique, une profession industrielle et commerciale, voir *PEINES COMPLÉMENTAIRES.*

Les condamnations à une peine d'emprisonnement ferme supérieure à quatre mois pour viol, agression sexuelle, atteinte sexuelle sur un mineur ou proxénétisme s'opposent à l'activité de professeur de danse. L'exercice d'une telle activité ou l'exploitation d'un établissement où est enseignée la danse malgré la condamnation expose à une amende de 3750 euros et/ou la fermeture de l'établissement (arts. L362-5 et L462-6 du code de l'éducation).

Celles pour agressions sexuelles, à la qualité d'expert automobile (art. L326-2 du code de la route).

Celles pour proxénétisme et différentes infractions sexuelles, à l'enseignement de la conduite et de la sécurité routière (art. R 212-4 du code de la route).

Celles pour la quasi-totalité des infractions sexuelles, à l'enseignement, l'animation, l'encadrement ou l'entrainement des activités physiques ou sportives auprès des mineurs ou la gestion d'établissements où ces activités sont exercées (arts. L212-9, L212-13, L322-1 du code du sport). Il appartient à l'administration de s'assurer de l'absence de condamnation (art. À 322-1). Elle peut aussi, indépendamment de toute condamnation, prononcer une interdiction d'exercer temporaire ou définitive en cas de danger pour la santé et la sécurité physique ou morale des pratiquants (art. L212-13).

Celles pour agressions sexuelles, à la conduite des véhicules de transport public particulier (taxis, VTC) (art. R 3120-8 du code des transports).

Celles pour attentat aux mœurs ou agression sexuelle, à la direction ou la gestion d'un service de pompes funèbres (art. L2223-2 du code général des collectivités territoriales).

L'accès aux fonctions d'agent de sécurité est interdit à ceux qui ont eu un comportement contraire aux bonnes mœurs (art. 612-20 du code de la sécurité intérieure).

L'instruction en famille des enfants est interdite aux personnes inscrites au fichier judiciaire national automatisé des auteurs d'infractions sexuelles ou violentes pour une condamnation définitive (art. L131-11-1du code l'éducation).

L'agrément nécessaire à l'exercice de la profession d'assistant maternel ou familial peut être refusé ou retiré si les conditions d'accueil ne garantissent pas la sécurité, la santé et l'épanouissement des mineurs et majeurs de moins de vingt et un ans accueillis (art. L421-3 du code de l'action sociale et des familles).

Les violences sexuelles commises par les étudiants y compris dans la sphère privée sont passibles de sanctions pouvant aller jusqu'à l'exclusion définitive, dans la mesure où elles sont de nature à porter atteinte au bon ordre de la communauté universitaire (art. R 811-1 du code de l'éducation).

INTERNET

Voir *RÉSEAU DE COMMUNICATION ÉLECTRONIQUE.*

IRRESPONSABILITÉ

Dans un cas très précis, l'irresponsabilité pénale n'est pas exclusive d'une condamnation.

Celui qui commet un viol sous l'empire d'une substance psychoactive qu'il a consommée volontairement, de manière illicite ou en excès, en sachant qu'elle pouvait conduire à une mise en danger délibérée d'autrui, encourt une peine de sept ans d'emprisonnement et 100 000 euros d'amende, quand bien même il serait déclaré pénalement irresponsable.

IVRESSE

Selon l'enquête « Cadre de vie et sécurité » du Ministère de l'Intérieur, 49 % des femmes victimes de viols ou de tentatives de viols estiment que l'auteur état sous l'influence de l'alcool ou de drogues.

Loin d'être une excuse, l'ivresse entraine, au contraire, une aggravation de la peine encourue.

Ainsi, pour le viol* commis en état d'ivresse manifeste, la peine est portée à vingt ans de réclusion criminelle (art. 222-24 12°).

Pour l'agression sexuelle*, à sept ans et 100 000 euros (art. 222-28 8°) et, si la victime est une personne dont la particulière vulnérabilité physique ou résultant de la précarité de sa situation économique ou sociale est apparente ou connue de l'auteur, à dix ans et 150 000 euros (art. 222-30 7°).

Pour l'atteinte sexuelle* sur un mineur de moins de quinze ans* à sept ans et 100 000 euros (art. 227-26 5°).

J

JOURNÉE DÉFENSE ET CITOYENNETÉ

Au cours de cette journée destinée aux jeunes de seize à vingt-cinq ans, une information consacrée notamment aux violences sexuelles dans le couple est dispensée (art. L114-3 du code du service national).

JUSTICE RESTAURATIVE

En cas de classement sans suite, non-lieu, relaxe ou acquittement pour infractions sexuelles commises par des majeurs sur des mineurs en raison de la prescription, mais reconnues par leur auteur, une mesure de justice restaurative est susceptible d'être mise en œuvre.

Elle consiste à permettre à la victime et à l'auteur de rechercher une solution aux difficultés posées par l'infraction et notamment à la réparation des préjudices en dialoguant avec l'aide d'un médiateur (arts. D 1-1-1 et 10-1 CPP).

L

LÉSION

Lorsque l'agression sexuelle* a entraîné une lésion, la peine est aggravée et passe à sept ans d'emprisonnement et 100 000 euros d'amende (art. 222-28) et, si elle est commise sur une personne dont la particulière vulnérabilité* physique ou résultant de la précarité de sa situation économique ou sociale est apparente ou connue de l'auteur, à dix ans et 150 000 euros (art. 222-30 1°).

LOCAUX (PROXÉNÉTISME)

Vendre ou mettre à disposition directement ou par personne interposée des locaux non utilisés par le public à quelqu'un en sachant qu'il va s'y livrer à la prostitution* est une infraction punie de dix ans d'emprisonnement et de 750 000 euros d'amende (art. 225-10 4°).

LOGEMENTS HLM

Les personnes victimes de viol ou d'agression sexuelle à leur domicile ou à proximité pour lesquelles le suspect est interdit de certains lieux ou contacts, de traite d'êtres humains ou de proxénétisme et celles suivant un parcours de sortie de la prostitution sont prioritaires pour l'attribution de ces logements (art. L441-1 du code de la construction et de l'habitation).

M

MALADIES SEXUELLEMENT TRANSMISSIBLES

S'il existe des indices graves ou concordants de viol, agression sexuelle ou atteinte sexuelle sur mineur, la personne soupçonnée peut être soumise à un examen médical* et à une prise de sang* pour rechercher si elle est atteinte d'une maladie sexuellement transmissible, y compris sans son consentement, sur instructions écrites du procureur de la République ou du juge d'instruction. Son refus l'expose à un an d'emprisonnement et quinze mille euros d'amende (art. 706-47-2 CPP).

Voir également *SÉROPOSITIVITÉ.*

MANŒUVRES DOLOSIVES

Elles peuvent être une cause d'aggravation des peines. Le proxénétisme* est puni plus sévèrement de dix ans d'emprisonnement et de 1 500 000 euros d'amende lorsqu'il est commis avec manœuvres dolosives (art. 225-7 8°).

Elles peuvent aussi être l'une des conditions de l'infraction. Le recrutement, le transport, le transfert, l'hébergement ou l'accueil d'une personne afin de la mettre à sa disposition ou à la disposition d'un tiers et de permettre le proxénétisme, des agressions ou des atteintes sexuelles* sont considérés comme traite d'êtres humains* punie de sept ans d'emprisonnement et de 150 000 € d'amende lorsque des manœuvres dolosives ont été utilisées envers la victime, sa famille ou une personne en relation habituelle avec la victime (art. 225-4-1 1°).

Exemple de manœuvres dolosives : proposer un emploi, notamment à des ressortissants de pays pauvres, puis amener progressivement la personne ainsi recrutée à se prostituer.

MÉDECIN

La révélation d'une information secrète par une personne tenue au secret soit en raison de son état ou de sa profession, soit en raison d'une fonction ou d'une mission temporaire, est normalement punie d'un an d'emprisonnement et de 15 000 euros d'amende (art. 226-13).

Mais pas pour le médecin qui, avec l'accord de la victime et même sans son accord s'il s'agit d'un mineur ou d'une personne qui n'est pas en mesure de se protéger en raison de son âge ou de son incapacité physique ou psychique (*voir VULNÉRABILITÉ*), donne connaissance aux autorités des sévices qu'il a constatés dans l'exercice de sa profession et qui lui permettent de présumer que des violences sexuelles ont été commises.

La victime est réputée avoir donné son accord dès lors qu'elle se soumet à l'examen du médecin.

Ces signalements ne peuvent pas non plus engager sa responsabilité civile, pénale ou disciplinaire sauf mauvaise foi (art. 226-14).

MENACE

Il s'agit d'une des conditions du viol et des agressions sexuelles (arts. 222-23-1, 222-23-2, 222-29-2, 222-29-3).

Elle est également nécessaire pour caractériser la traite d'êtres humains* ayant permis le proxénétisme, une agression ou des atteintes sexuelles. Dans ce cas précis, la menace est prise en compte non seulement lorsqu'elle touche la victime, mais également sa famille ou une personne en relation habituelle avec elle (art. 225-4-1).

Exemples de menaces : le fait pour un policier de menacer la victime de prison pour lui imposer des relations sexuelles ; la menace d'abandonner la victime en pleine nuit et dans le froid, en rase campagne.

Mais la menace n'est pas toujours nécessaire pour caractériser le viol, les agressions sexuelles ou la traite d'êtres humains lorsque la victime est un mineur.

- Il suffit que l'auteur soit majeur et que, ou bien le mineur ait moins de quinze ans avec une différence d'âge de cinq ans, ou bien, si le mineur a plus de quinze ans, que le majeur soit un proche (viol, viol incestueux et agressions sexuelles).

– Il suffit qu'elle soit mineure (traite d'êtres humains).

MESSAGE PORNOGRAPHIQUE

Voir *PÉDOPORNOGRAPHIE.*

MILITAIRES

Les militaires sont tout particulièrement protégés contre le harcèlement sexuel* ou les actes assimilés et ne peuvent être discriminés en raison d'un refus, d'un recours ou d'un témoignage de bonne foi (art. L4123-10-1 du code de la défense).

MINEUR

Le fait que la victime de violences et autres infractions sexuelles soit mineure a des conséquences très importantes sur l'existence même du délit ou du crime ainsi que sur ses conséquences, en particulier sur la peine. Le code pénal consacre d'ailleurs tout un paragraphe aux seules infractions sexuelles commises à l'encontre des mineurs (arts. 227-21-1 à 227-28-3).

Mais la qualité de mineur peut également jouer dans d'autres circonstances.

Enfin, parmi les mineurs, la catégorie des mineurs de quinze c'est-à-dire ceux qui n'ont pas plus de quinze ans, fait l'objet de dispositions spécifiques ou encore plus sévères (voir *MINEUR DE QUINZE ANS*).

1 - Conditions de l'infraction et aggravation de la peine

Remarque. L'erreur sur l'âge peut difficilement être invoquée sauf circonstances exceptionnelles et totalement indépendantes de la volonté de l'auteur qui aurait, par exemple, été sciemment trompé par de faux papiers d'identité ou autres. La négligence n'a pas ici sa place.

Infractions communes aux victimes majeures et mineures.

– *Viols* et agressions sexuelles**.

La contrainte*, la menace*, la surprise* et la violence* ne sont pas toujours nécessaires pour caractériser l'infraction comme pour les victimes majeures.

Lorsqu'elles sont nécessaires pour caractériser l'infraction, la contrainte morale et la surprise peuvent résulter de la seule différence d'âge existant entre le mineur et l'auteur des faits et de l'autorité de droit ou de fait que celui-ci a sur lui, cette autorité de fait pouvant être caractérisée par une différence d'âge significative (art. 222-22-1).

En cas de viol et d'agression sexuelle incestueux, les peines sont aggravées s'ils sont commis par un majeur sur un mineur* : vingt ans de réclusion criminelle pour le viol (art. 222-23-3) et dix ans d'emprisonnement et 150 000 euros d'amende pour toute atteinte sexuelle réputée dans ce cas précis être une agression sexuelle (art. 222-29-3). En outre, si l'auteur a l'autorité parentale sur le mineur, le juge doit se prononcer sur son retrait total ou partiel ou sur le retrait de son exercice concernant le mineur lui-même, mais également ses frères et sœurs mineurs (arts. 222-31-2 et 222-27-3).

Faire des offres ou des promesses, proposer des dons, présents ou avantages à quelqu'un pour commettre une agression sexuelle sur un mineur, y compris hors du territoire national, est puni, alors que cette agression n'a été ni commise, ni tentée, de sept ans d'emprisonnement et à 100 000 euros d'amende si la victime est mineure au lieu de cinq ans et 75 000 euros (art. 222-30-2).

Commise à l'encontre d'un mineur dont la réduction en esclavage est apparente ou connue de l'auteur, l'agression sexuelle est punie de trente années de réclusion criminelle au lieu de vingt (art. 224-1-C).

– *Traite d'êtres humains**. Elle est caractérisée par le seul fait de recruter une personne, la transporter, la transférer, l'héberger ou l'accueillir pour la mettre à sa disposition ou à celle d'un tiers, même non identifié, à des fins de proxénétisme*, d'agression ou d'atteintes sexuelles* quand bien même aucune des circonstances exigées pour une victime majeure ne serait retenue (art. 225-4-1 II).

En outre, la peine passe à dix ans et 1 500 000 euros (art. 225-4-1 II).

– *Dénonciation**. Le fait, pour quiconque ayant connaissance d'agressions ou atteintes sexuelles* infligées à un mineur, de ne pas en informer les autorités judiciaires ou administratives ou de continuer à ne pas informer ces autorités tant que ces infractions n'ont pas cessé est puni de trois ans d'emprisonnement et 45 000 euros d'amende (art. 434-3).

– *Atteintes volontaires à l'intimité de la vie privée**. Commises au moyen d'un procédé quelconque et portant sur des paroles* ou des images* présentant un caractère sexuel, elles sont punies de deux ans d'emprisonnement et

60 000 euros d'amende lorsque le consentement du titulaire de l'autorité parentale sur le mineur n'a pas été recueilli (art. 226-1).

– *Outrage**. La peine est portée à 3750 euros d'amende s'il est commis à l'encontre d'un mineur (art. 222-33-1-1 2°).

– *Recours à la prostitution* d'un mineur*. Il est puni de cinq ans d'emprisonnement et de 75 000 euros d'amende contre une simple amende pour contravention de 5e classe pour un majeur (art. 225-12-1).

– *Proxénétisme**. Il est puni de dix ans d'emprisonnement et de 1 500 000 euros d'amende lorsqu'il est commis à l'égard d'un mineur (art. 225-7 1°)

– *Voyeurisme**. User de tout moyen afin d'apercevoir les parties intimes* d'une personne qu'elle a cachées par son habillement ou sa présence dans un lieu clos à son insu ou sans son consentement*, est puni plus sévèrement de deux ans d'emprisonnement et de 30 000 € d'amende s'il s'agit d'un mineur (art. 226-3-1).

Infractions propres aux victimes mineures.

Ces infractions ne sont pas exclusives des infractions précédentes (art. 227-21-1).

Certaines d'entre elles supposent qu'elles soient commises par un majeur.

Leur tentative est parfois réprimée comme le délit.

– *Corruption de mineur**. La favoriser ou tenter de la favoriser est puni de cinq ans d'emprisonnement et 75 000 euros d'amende et de sept ans et 100 000 euros lorsque le mineur a été mis en contact avec l'auteur par un réseau de communication électronique* ou si les faits sont commis dans des établissements d'enseignement ou d'éducation* y compris dans les locaux de l'administration ou lors des entrées ou sorties des élèves ou du public ou dans un temps très voisin, aux abords de ces établissements ou locaux. Les mêmes peines sont encourues par les majeurs qui organisent des réunions comportant des exhibitions ou des relations sexuelles auxquelles un mineur assiste ou participe ou assistent eux-mêmes en connaissance de cause à de telles réunions (art. 227-22).

– *Incitation**. Pour un majeur inciter un mineur, par un moyen de communication électronique*, à commettre un acte de nature sexuelle, soit sur lui-même, soit sur ou avec un tiers, y compris si l'incitation n'est pas suivie d'effet, est puni de sept ans d'emprisonnement et de 100 000 euros d'amende (art. 227-22-2).

Faire des offres* ou des promesses*, proposer des dons*, présents ou avantages* à quelqu'un pour commettre les délits de proxénétisme, corruption, images, atteintes sexuelles sur un mineur* est puni, alors que le délit n'a été ni commis ni tenté, de trois ans d'emprisonnement et 45 000 euros d'amende (art. 227-28-3).

– *Images**. Enregistrer ou transmettre l'image ou la représentation d'un mineur à caractère pornographique en vue de sa diffusion, les offrir, les rendre disponibles ou les diffuser par tous moyens, les importer ou exporter, les faire importer ou exporter est puni de cinq ans d'emprisonnement et 75 000 euros d'amende et de sept ans et 100 000 euros lorsqu'un réseau de communication électronique a été utilisé.

Consulter habituellement ou contre paiement un service de communication au public en ligne mettant à disposition des telles images ou représentations, les acquérir ou les détenir par quelque moyen que ce soit est puni de cinq ans et de 75 000 euros. Les peines sont portées à dix ans et 500 000 euros lorsqu'elles sont commises en bande organisée.

La tentative* est punie comme les délits.

Toutes ces infractions sont également constituées lorsque les images sont celles d'une personne dont l'aspect physique est celui d'un mineur, sauf s'il est établi que cette personne était âgée de dix-huit ans au jour de la fixation ou de l'enregistrement de son image (art. 227-23).

Lorsque le délit est commis par la voie de presse*, les responsables sont ceux déterminés par les lois sur la presse (art. 227-28).

Pour un majeur, solliciter d'un mineur* la diffusion* ou la transmission* d'images*, vidéos ou représentations de lui à caractère pornographique* est puni de sept ans d'emprisonnement et de 100 000 euros d'amende (art. 227-23-1).

Fabriquer, transporter, diffuser par tout moyen sur tout support un message* pornographique*, y compris des images* pornographiques d'un ou plusieurs animaux*, de faire commerce d'un tel message, est puni de trois ans d'emprisonnement et de 75 000 euros d'amende lorsque ce message est susceptible d'être vu ou perçu par un mineur*.

Les infractions sont constituées même si l'accès du mineur aux messages résulte d'une simple déclaration de sa part qu'il est âgé d'au moins dix-huit ans (art. 227-24).

– *Mutilation sexuelle**. Faire à un mineur* des offres* ou des promesses*, lui proposer des dons*, présents ou avantages* ou user contre lui de pressions* ou de contraintes* afin qu'il se soumette à une mutilation sexuelle ou inciter directement quelqu'un par les mêmes moyens à commettre une mutilation sexuelle* sur un mineur est puni, lorsque cette mutilation n'a pas été réalisée, de sept ans d'emprisonnement et de 100 000 euros d'amende (art. 227-24-1).

– *Atteintes sexuelles**. Elles sont punies de cinq ans d'emprisonnement et de 45 000 euros d'amende lorsqu'elles sont commises par tout majeur ayant sur le mineur une autorité* de droit ou de fait ou qui abuse de l'autorité* que lui confèrent ses fonctions.* (art. 227-27). La tentative est punie comme le délit lui-même (art. 227-27-2).

– *Secret professionnel.* Le médecin* ou le professionnel de santé peut sans l'accord du mineur, dénoncer les sévices qu'il a constatés et qui font présumer des violences sexuelles, sans enfreindre le secret professionnel (art. 226-14).

2 - Autres particularités

– *L'application de la loi française*

La corruption, l'atteinte à la vie privée, le viol et les agressions sexuelles commises à l'étranger contre un mineur par un Français ou par une personne résidant habituellement sur le territoire français relèvent de la loi pénale française (art. 222-22 al 3 et 227-27-1).).

– *La simple présence du mineur*

En cas de viol commis en présence d'un mineur qui y a assisté, la peine est portée de quinze à vingt ans de réclusion criminelle (art. 222-24 2°), en cas d'agression sexuelle, à sept ans d'emprisonnement et100 000 euros d'amende (art. 222-28 10°) et en cas d'atteintes sexuelles sur un animal domestique, apprivoisé ou tenu en captivité, à quatre ans et 60 000 euros (art. 521-1-1).

– *Les personnes morales*

Les personnes morales* déclarées responsables pénalement de la plupart des infractions sexuelles contre les mineurs encourent, outre l'amende, des peines complémentaires* dont l'interdiction* de l'activité dans l'exercice ou à l'occasion de l'exercice de laquelle l'infraction a été commise (art. 227-28-1).

– La rétention de sûreté

Les condamnés à au moins quinze ans de réclusion criminelle pour viol sur mineur qui, à l'issue de leur peine, présentent une particulière dangerosité caractérisée par une probabilité très élevée de récidive parce qu'ils souffrent d'un trouble grave de la personnalité, peuvent être placés dans un centre socio-médico-judiciaire pour une durée d'un an renouvelable où leur est proposée une prise en charge médicale, sociale et psychologique pour en sortir (arts. 706-53-13 et 706-53-16 CPP) et à l'issue de laquelle une surveillance de sûreté peut être ordonnée (art. 706-53-19 CPP).

– La procédure

Les mineurs peuvent faire l'objet dès l'enquête d'une expertise médico-psychologique pour apprécier la nature et l'importance de leur préjudice et la nécessité de traitements ou de soins appropriés (art. 706-48 CPP). Le juge des enfants doit être informé si une procédure d'assistance éducative a été ouverte (art. 706-49) et un administrateur ad hoc désigné si les représentants légaux du mineur n'assurent pas sa protection (art. 706-50 CPP). Il doit être assisté par un avocat lorsqu'il est entendu par le juge d'instruction (art. 706-51-1 CPP). Son audition fait l'objet d'un enregistrement audiovisuel ou sonore (art. 706-52 CPP). Il peut être accompagné par son représentant légal, par la personne majeure de son choix ou par un représentant d'une association conventionnée d'aide aux victimes et demander la présence d'un psychologue ou d'un médecin spécialiste de l'enfance (art. 706-53 CPP).

– Les réseaux sociaux en ligne

Lorsque des mineurs ont accès à un site diffusant un contenu pornographique en violation de l'article 227-24 du code pénal, le président du Conseil supérieur de l'audiovisuel, d'office, sur saisine du ministère public ou de toute personne physique ou morale ayant intérêt à agir, doit mettre le site en demeure de prendre toutes mesures pour empêcher l'accès des mineurs à ce contenu et, en cas d'inexécution, saisir le président du tribunal judiciaire de Paris pour en faire ordonner la suppression (art. 23 de la loi 2020-936 du 30/07/2020 et décret 2021-1036 du 7/10/2021).

Voir également *CIIVISE, GROUPE CENTRAL DES MINEURS VICTIMES, NON-DÉNONCIATION, OFFICE CENTRAL POUR LA RÉPRESSION DES VIOLENCES FAITES AUX MINEURS, PRESCRIPTION.*

MINEUR DE QUINZE ANS

Pour les mineurs victimes qui n'ont pas plus de quinze ans, il existe des dispositions plus strictes qui ont pour objet d'élargir les poursuites, d'alourdir la peine ou de créer une infraction spécifique.

Quand il n'existe pas de telles dispositions, ce sont celles concernant les mineurs en général qui s'appliquent.

1 - Conditions de l'infraction et aggravation de la peine

L'erreur sur l'âge est encore moins admise que pour des mineurs plus âgés, pour des raisons évidentes et en cas de recours à internet, la loi va jusqu'à étendre l'infraction à celui ou celle qui se présente comme ayant moins de quinze ans (voir ci-dessous 2 – *Les propositions sexuelles par un majeur).*

– *Le viol et les agressions sexuelles.*

La contrainte* morale et la surprise* résultent du seul fait qu'il y a nécessairement abus de la vulnérabilité de la victime qui est réputée ne pas disposer du discernement nécessaire en raison de son jeune âge (art. 222-22-1).

– *Le viol**. Dans tous les cas, la peine est portée à vingt ans de réclusion criminelle. Mais il résulte de la seule pénétration ou du seul acte bucco-génital sans autres conditions lorsque l'auteur est majeur et que la différence d'âge est d'au moins cinq ans (arts. 222-23-1,222-23-3 et 222-24)

– *L'agression sexuelle**. Si elle est imposée par violence, contrainte, menace ou surprise ou par un majeur dont la différence d'âge est d'au moins cinq ans, la peine est portée à dix ans d'emprisonnement et 150 000 euros d'amende (arts. 222-29-1 et 222-29-2).

– *L'exhibition sexuelle**. La peine est portée à deux ans d'emprisonnement et à 30 000 euros d'amende (art. 222-32).

– *Le harcèlement* sexuel*. La peine est portée à trois ans d'emprisonnement et 45 000 euros d'amende (art. 222-33 2°).

– *Le recours à la prostitution**. La peine est portée à dix ans d'emprisonnement et à 150 000 euros d'amende (art. 225-12-2).

– *Le proxénétisme**. La peine est portée à vingt ans de réclusion criminelle et 3 000 000 euros d'amende (art. 225-7-1).

– *La dénonciation**. En cas de non-dénonciation, la peine est portée à cinq ans d'emprisonnement et 75 000 euros d'amende (art. 434-3).

– *L'administration d'une substance**. La peine est portée à sept ans d'emprisonnement et à 100 000 € d'amende (art. 222-30-1).

– *La corruption de mineur**. La peine est portée à dix ans d'emprisonnement et à 150 000 euros d'amende (art. 227-22).

– *L'incitation* à commettre un acte sexuel*. Elle est punie plus sévèrement de dix ans d'emprisonnement et 150 000 euros d'amende et même à dix ans et un million d'euros si les faits ont été commis en bande organisée* (art. 227-22-2).

2 - Infractions spécifiques.

– *Les propositions* sexuelles par un majeur.* Sont concernés non seulement les mineurs de quinze ans, mais toute personne se présentant comme telle lorsqu'un moyen de communication électronique* a été utilisé ; la peine est de deux ans d'emprisonnement et 30 000 euros d'amende et de cinq ans et 75 000 euros lorsque les propositions ont été suivies d'une rencontre (art. 227-22-1).

– *Les images.* Si un majeur sollicite la diffusion* ou la transmission* d'images*, vidéos ou représentations à caractère pornographique* la peine est portée à dix ans d'emprisonnement et à 150 000 euros d'amende et à dix ans et à un 1 000 000 d'euros lorsque les faits ont été commis en bande organisée* ((art. 227-23-1).

Les mineurs de quinze ans ne peuvent s'inscrire sur les réseaux sociaux qu'avec l'autorisation de l'un des titulaires de l'autorité parentale (loi 2023-566 du 7/07/2023).

– *L'atteinte sexuelle* par un majeur* est punie de sept ans d'emprisonnement et 100 000 € d'amende (art. 227-25) et de dix ans et 150 000 euros si l'auteur a sur la victime une autorité* de droit ou de fait ou qu'il abuse de l'autorité* de ses fonctions*, s'il était en état d'ivresse manifeste ou sous l'emprise manifeste de produits stupéfiants*, s'ils étaient plusieurs (voir *GROUPE*) ou si le mineur a été mis en contact par un réseau de communication électronique* (art. 227-26).

Voir également *CIIVISE, NON-DÉNONCIATION.*

MIPROF

La mission interministérielle pour la protection des femmes contre les violences et la lutte contre la traite des êtres humains (MIPROF) a pour objet la formation des professionnels concernant les violences faites aux femmes avec la création d'outils de formation, un rôle d'observatoire national ainsi que l'animation locale de la politique de protection des femmes victimes de violences et le suivi d'une coordination nationale de la lutte contre la traite des êtres humains.

MISE EN DANGER

Le recours à la prostitution* est puni plus sévèrement de sept ans d'emprisonnement et 100 000 euros d'amende lorsque l'auteur a délibérément ou par imprudence mis la vie de la personne en danger (art. 225-12-2 4°).

MORT

Le viol* ayant entrainé la mort est puni plus sévèrement de trente ans de réclusion criminelle assortis d'une période de sûreté (arts. 222-25).

Par ailleurs, le meurtre qui précède, accompagne ou suit un autre crime (le viol, par exemple) est puni de la réclusion criminelle à perpétuité au lieu de trente ans (art. 221-2).

MUTILATIONS

De manière générale, les violences ayant entrainé une mutilation sont punies de dix ans d'emprisonnement et 150 000 euros d'amende (art. 222-9). Trente ans de réclusion criminelle en cas d'enlèvement ou de séquestration (art. 224-2).

Mais les mutilations sexuelles peuvent avoir une incidence sur l'infraction elle-même ou sur l'importance de la peine.

Faire à un mineur* des offres* ou des promesses*, lui proposer des dons*, présents ou avantages* ou user contre lui de pressions* ou de contraintes* afin qu'il se soumette à une mutilation sexuelle ou inciter directement quelqu'un par les mêmes moyens à commettre une mutilation sexuelle* sur un mineur est puni, lorsque cette mutilation n'a pas été réalisée, de sept ans d'emprisonnement et de 100 000 € d'amende (art. 227-24-1).

Le secret professionnel n'est pas opposable à celui qui informe les autorités judiciaires, médicales ou administratives de mutilations sexuelles, dont il a eu connaissance (art. 226-14)

Le viol* est réprimé plus sévèrement de vingt ans de réclusion criminelle s'il a entraîné une mutilation (art. 222-24).

Elles concernent également les étrangers.

– Les étrangers condamnés pour avoir commis sur un mineur de quinze ans l'infraction de violences ayant entrainé une mutilation ne peuvent obtenir une carte de résident (art. L432-3 du code de l'entrée et du séjour des étrangers et du droit d'asile).

– Le droit d'asile :

La vulnérabilité des demandeurs d'asile fait l'objet d'une évaluation qui vise, notamment, à identifier les personnes qui ont subi des mutilations sexuelles féminines (art. L522-3 du code de l'entrée et du séjour des étrangers et du droit d'asile).

Un examen médical peut être demandé aux mineurs demandeurs d'asile, de sexe féminin invoquant un risque de mutilation sexuelle, ou de sexe masculin invoquant un risque de mutilation sexuelle de nature à altérer leurs fonctions reproductrices (art. L531-11 du code de l'entée et du séjour des étrangers et du droit d'asile).

La mineure bénéficiant d'une protection au titre de l'asile qui invoque un risque de mutilation sexuelle doit, tant que ce risque existe et qu'elle est mineure, se soumettre à un examen médical visant à constater l'absence de mutilation (art. L561-8 code de l'entrée et du séjour des étrangers et du droit d'asile).

N

NÉCROPHILIE

Voir *CADAVRE.*

NON-DÉNONCIATION

Celui qui a connaissance d'agressions ou atteintes sexuelles sur un mineur ou une personne qui n'est pas en mesure de se protéger en raison de son âge, d'une maladie, d'une infirmité, d'une déficience physique ou psychique ou d'un état de grossesse doit en informer les autorités judiciaires ou administratives et risque à défaut des peines de trois ans d'emprisonnement et de 45 000 euros d'amende portées à cinq ans d'emprisonnement et 75 000 euros d'amende s'il s'agit d'un mineur âgé de 15 ans ou moins (art. 434-3).

Sont exemptées, sauf disposition particulière, les personnes astreintes au secret.

Voir également *MINEUR, MINEUR DE QUINZE ANS, SECRET PROFESSIONNEL.*

O

OBLIGATIONS DU CONDAMNÉ

En cas de crimes sexuels tels que le viol ou le proxénétisme aggravé, d'agressions ou d'atteintes sexuelles, le juge ne peut accorder le sursis probatoire* à celui qui en a déjà bénéficié pour des infractions identiques ou assimilées et se trouvait en état de récidive* légale, sauf si le sursis ne portait que sur une partie de la peine (art. 132-41).

En cas de condamnation pour crimes ou délits d'agressions sexuelles ou d'atteintes sexuelles, le juge peut imposer spécialement au condamné l'obligation de s'abstenir de diffuser tout ouvrage ou œuvre audiovisuelle dont il serait l'auteur ou le coauteur et qui porterait, en tout ou partie, sur l'infraction commise et de s'abstenir de toute intervention publique relative à cette infraction (art. 132-45 16°).

OFFICE CENTRAL POUR LA RÉPRESSION DE LA TRAITE DES ÊTRES HUMAINS (OCRTEH)

Créé en 1958, il est chargé de centraliser les renseignements sur la prostitution et le proxénétisme au niveau national et international, d'analyser et mesurer l'évolution des réseaux et des comportements, développer de nouvelles stratégies de lutte, d'assurer et suivre la coopération nationale et internationale et de mener et coordonner les opérations tendant à la répression de la traite des êtres humains à des fins d'exploitation sexuelle.

OFFICE CENTRAL POUR LA RÉPRESSION DES VIOLENCES AUX PERSONNES (OCRVP)

Créé en 2006, il est chargé de centraliser et d'analyser les faits commis sur l'ensemble du territoire national. Il est compétent notamment pour les viols*, les agressions sexuelles* et leurs tentatives, et la pédopornographie*

Il dispose d'un logiciel (SALVAC) dont le fichier contient des informations relatives aux crimes de violence constatés par la police et la gendarmerie.

Il existe au sein de l'OCRVP un groupe central des mineurs victimes (GCMV) chargé de la lutte contre les abus sexuels commis au préjudice des mineurs* (pédopornographie*, tourisme sexuel*).

OFFICE CENTRAL POUR LA RÉPRESSION DES VIOLENCES FAITES AUX MINEURS (OFMIN)

Devant la recrudescence des violences dont sont victimes les mineurs*, sa création, annoncée en octobre 2022 dans le cadre du projet de réforme de la police judiciaire, en complément de l'Office Central pour la Répression des Violences aux Personnes, est intervenue le 20 novembre 2023.

Il s'agit d'un service d'enquête chargé de lutter contre les infractions les plus graves commises à l'encontre des mineurs.

OFFRES

1 - Faire des offres à quelqu'un pour qu'il commette certaines infractions sexuelles est puni alors même que l'infraction n'a été ni commise ni même tentée. En raison de la multiplicité des formes que peut prendre l'offre, c'est aux juges qu'il appartient d'apprécier au cas par cas si l'infraction est bien constituée.

Ainsi, pour commettre un viol*, y compris à l'étranger, la peine est de dix ans d'emprisonnement et 150 000 euros d'amende (art. 222-26-1).

Pour commettre une agression sexuelle*, y compris à l'étranger, de cinq ans d'emprisonnement et 75 000 euros d'amende, peines portées à sept ans et à 100 000 euros s'il s'agit d'un mineur (art. 222-30-2).

Pour commettre des faits de proxénétisme, de corruption, d'atteinte à la vie privée ou d'atteintes sexuelles à l'encontre d'un mineur*, de trois ans d'emprisonnement et 45 000 euros d'amende pour un délit et sept ans et 100 000 euros pour un crime (art. 227-28-3).

Pour commettre une mutilation* sexuelle sur la personne d'un mineur, lorsque cette mutilation n'a pas été réalisée, de sept ans d'emprisonnement et 100 000 euros d'amende (art. 227-24-1).

2 -Faire des offres à un mineur pour qu'il se soumette à une mutilation sexuelle est puni, lorsque cette mutilation n'a pas été réalisée, de sept ans d'emprisonnement et de 100 000 euros d'amende (art. 227-24-1).

ORIENTATION SEXUELLE

Pour l'outrage sexuel*, la peine est portée à 3750 euros d'amende s'il est commis en raison de l'orientation sexuelle, vraie ou supposée (art. 222-33-1-1 7°).

OUTRAGE SEXUEL

L'outrage consiste à imposer à une personne un propos* ou un comportement* à connotation sexuelle qui porte atteinte à sa dignité en raison de son caractère dégradant ou humiliant, ou crée à son encontre une situation intimidante, hostile ou offensante (art. R 625-8-3).

Il s'agit de l'infraction sexuelle la plus récente (création par une loi du 24/01/2023) qui se différencie du harcèlement notamment parce qu'il n'est pas nécessairement répétitif et permet ainsi de poursuivre des propos ou comportements qui ne pouvaient l'être auparavant.

Exemples : des propositions sexuelles (pour les mineurs de quinze ans, il s'agit d'un délit, voir *PROPOSITIONS*), de gestes ou propos obscènes, voire des questions inappropriées sur la vie, les habitudes sexuelles.

Il est puni de l'amende prévue pour les contraventions de 5e classe et possiblement des peines complémentaires* de stage ou d'un travail d'intérêt général* d'une durée de vingt à cent vingt heures.

Quand il est commis par une personne qui abuse de l'autorité* de ses fonctions*, par plusieurs (voir *GROUPE*) personnes agissant en qualité d'auteur ou de complice, par une personne déjà condamnée pour outrage, sur un mineur*, sur une personne dont la particulière vulnérabilité* due à son âge, à une maladie, à une infirmité, à une déficience physique ou psychique ou à un état de grossesse est apparente ou connue de son auteur, sur une personne dont la particulière vulnérabilité* ou dépendance* résultant de la précarité* de sa situation économique ou sociale est apparente ou connue de son auteur, dans un véhicule* affecté au transport collectif de voyageurs ou au transport public particulier ou dans un lieu destiné à l'accès à un moyen de transport collectif de voyageurs, et en raison de l'orientation sexuelle* ou de l'identité de genre*, vraie ou supposée, de la victime, il est puni de 3 750 euros d'amende, mais, y compris en cas de récidive, les poursuites peuvent être arrêtées contre paiement d'une amende forfaitaire de 300 euros qui peut être minorée ou majorée (art. 222-33-1-1).

P

PAROLES

Le délit d'atteinte volontaire à l'intimité de la vie privé consiste notamment à capter, enregistrer ou transmettre des paroles à caractère sexuel privées ou confidentielles sans le consentement de l'intéressé. Il est puni de deux ans d'emprisonnement et 60 000 euros d'amende.

Peu importe que l'enregistrement soit inaudible.

Lorsque les faits ont été accomplis au vu et au su des intéressés sans qu'ils s'y soient opposés alors qu'ils étaient en mesure de le faire, leur consentement est présumé. S'il s'agit d'un mineur,* le consentement doit émaner des titulaires de l'autorité parentale (art. 226-1).

Les diffuser ou les porter à la connaissance du public ou d'un tiers sans son accord, est puni des mêmes peines quand bien même elles auraient été obtenues avec son consentement (art. 226-2-1). Cette disposition vise essentiellement la presse audiovisuelle et les réseaux sociaux.

Pour cette infraction, il est nécessaire qu'une plainte de la victime, de son représentant légal ou de ses ayants droit soit déposée pour que des poursuites soient éventuellement engagées (art. 226-6).

Voir également *PROPOS*.

PARTIE CIVILE

Les associations* déclarées depuis au moins cinq ans à la date de l'infraction peuvent selon leur objet se constituer partie civile pour différentes infractions sexuelles.

Les fondations* reconnues d'utilité publique aussi.

Les syndicats professionnels ne le peuvent, en revanche, pas pour les infractions sexuelles commises sur le lieu de travail par un supérieur hiérarchique, faute d'atteinte à l'intérêt collectif des salariés du secteur.

PARTIES INTIMES

User d'un moyen quelconque pour apercevoir les parties intimes d'une personne cachées à la vue des tiers par son habillement ou sa présence dans un lieu clos, à son insu ou sans son consentement*, est puni d'un an d'emprisonnement et de 15 000 euros d'amende et de deux ans et de 30 000 euros si l'auteur abuse de l'autorité* de ses fonctions*, s'ils sont à plusieurs, si la victime est un mineur ou une personne d'une particulière vulnérabilité apparente ou connue de l'auteur ou encore si l'infraction a lieu dans un véhicule* de transport collectif de voyageurs* ou dans un lieu d'accès à ce mode de transport ou si des images* ont été fixées, enregistrées ou transmises (art. 226-3-1).

Les parties intimes sont les parties sexuelles et plus largement celles qu'on dissimule généralement à la vue d'autrui. Par exemple, la poitrine pour une femme.

PÉDOPORNOGRAPHIE

Où commence la pornographie ? Selon une opinion communément admise et reprise en justice, la pornographie se distingue de l'érotisme en ce qu'elle écarte tout contexte sentimental pour ne proposer que des aspects physiologiques concourant à la dépravation des mœurs.

S'agissant de la pornographie à l'encontre des mineurs :

– Enregistrer ou transmettre l'image ou la représentation pornographique d'un mineur en vue de sa diffusion, les offrir, les rendre disponibles ou les diffuser par tous moyens, les importer ou exporter, les faire importer ou exporter est puni de cinq ans d'emprisonnement et 75 000 euros d'amende et de sept ans et 100 000 euros lorsqu'un réseau de communication électronique* a été utilisé.

– Consulter habituellement ou contre paiement un service de communication au public en ligne mettant à disposition des telles images ou représentations, les acquérir ou les détenir par quelque moyen que ce soit est puni de cinq ans et de 75 000 euros. Les peines sont portées à dix ans et 500 000 euros lorsqu'elles sont commises en bande organisée.

La tentative est punie comme les délits.

Toutes ces infractions sont également constituées lorsque les images sont celles d'une personne dont l'aspect physique est celui d'un mineur, sauf s'il est établi que cette personne était âgée de dix-huit ans au jour de la fixation ou de l'enregistrement de son image (art. 227-23).

Lorsque le délit est commis par la voie de presse*, les responsables sont ceux que désignent les lois sur la presse (art. 227-28).

– Faire des offres* ou des promesses*, proposer des dons*, présents ou avantages* à quelqu'un pour commettre ces délits envers un mineur* est puni, alors que le délit n'a été ni commis ni tenté, de trois ans d'emprisonnement et 45 000 euros d'amende (art. 227-28-3).

– Pour un majeur, solliciter d'un mineur* la diffusion* ou la transmission* d'images*, vidéos ou représentations de lui à caractère pornographique* est puni de sept ans d'emprisonnement et 100 000 euros d'amende, de dix ans et 150 000 euros si le mineur a moins de quinze ans et à dix ans et un million d'euros lorsque les faits ont été commis en bande organisée* ((art. 227-23-1).

– Fabriquer, transporter, diffuser par tout moyen sur tout support un message* pornographique*, y compris des images* pornographiques d'un ou plusieurs animaux*, de faire commerce d'un tel message, est puni de trois ans d'emprisonnement et 75 000 euros d'amende lorsque ce message est susceptible d'être vu ou perçu par un mineur* (art. 227-24).

Les infractions sont constituées même si l'accès du mineur aux messages résulte d'une simple déclaration de sa part qu'il est âgé d'au moins dix-huit ans.

En outre, lorsque des mineurs ont accès à un site diffusant un contenu pornographique en violation de l'article 227-24 du code pénal, le président du Conseil supérieur de l'audiovisuel, d'office, sur saisine du ministère public ou de toute personne physique ou morale ayant intérêt à agir, doit mettre le site en demeure de prendre toute mesure pour empêcher l'accès des mineurs à ce contenu et, en cas d'inexécution, saisir le président du tribunal judiciaire de Paris pour en faire ordonner la suppression (art. 23 de la loi 2020-936 du 30/07/2020 et décret 2021-1036 du 7/10/2021).

Les mineurs de quinze ans ne peuvent s'inscrire sur les réseaux sociaux qu'avec l'autorisation de l'un des titulaires de l'autorité parentale (loi 2023-566 du 7/07/2023).

L'atteinte à la vie privée* commise à l'étranger contre un mineur par un Français ou par une personne résidant habituellement en France relève de la loi pénale française (art. 227-27-1).

Par ailleurs, il est interdit de proposer, donner, louer ou vendre aux mineurs* des documents déchiffrables par voie électronique présentant un danger pour la jeunesse en raison de leur caractère pornographique. Leur exposition ou publicité peut être interdite dans les lieux qui ne sont pas interdits aux mineurs. Les infractions sont punies d'un an d'emprisonnement et 15 000 euros d'amende et de confiscation (arts. 32 à 34 de la loi 98-468 du 17/06/1998).

La vente à moins de deux cents mètres d'un établissement d'enseignement d'objets à caractère pornographique est interdite sous peine de deux ans d'emprisonnement et 30 000 euros d'amende (art. 99 de la loi 87-588 du 30/07/1987). Les sex-toys sont considérés comme des objets pornographiques.

Les personnes morales* déclarées responsables pénalement des infractions relatives aux images encourent, outre l'amende, des peines complémentaires* dont l'interdiction* de l'activité dans l'exercice ou à l'occasion de l'exercice de laquelle l'infraction a été commise (art. 227-28-1)

PEINES COMPLÉMENTAIRES (PERSONNES PHYSIQUES)

Les peines complémentaires susceptibles de frapper les personnes physiques (pour les personnes morales, voir *PERSONNES MORALES*) sont nombreuses et variées, parfois sans rapport avec l'infraction, très contraignantes y compris pour des infractions qui peuvent paraître secondaires et n'étaient pas sanctionnées jusqu'à une date récente comme la contravention de recours à la prostitution sans circonstances aggravantes.

Quelles sont-elles et pour quelles infractions ?

– Interdiction d'exercer une fonction publique ou l'activité professionnelle ou sociale dans l'exercice ou à l'occasion de l'exercice de laquelle l'infraction a été commise : viol, agression sexuelle, exhibition sexuelle, traite d'êtres humains, proxénétisme, recours à la prostitution aggravé, atteinte à la vie privée.

– Interdiction d'exercer une profession commerciale ou industrielle, de diriger, d'administrer, de gérer ou de contrôler à un titre quelconque, directement ou indirectement, pour son propre compte ou pour le compte d'autrui, une entreprise commerciale ou industrielle ou une société commerciale.

Ces interdictions d'exercice peuvent être prononcées cumulativement pour les infractions suivantes : viol, traite d'êtres humains, proxénétisme, recours à la prostitution aggravé.

– Interdiction de détenir ou porter une arme, un animal : viol, agression sexuelle, exhibition, traite d'êtres humains, proxénétisme, recours à prostitution aggravé, atteinte à la vie privée, voyeurisme, atteinte sexuelle sur un animal, recours à la prostitution.

– Suspension ou annulation du permis de conduire : viol, agression sexuelle, exhibition, infractions sexuelles sur mineurs, recours à la prostitution.

– Interdiction de conduire certains véhicules : recours à la prostitution.

– Retrait du permis de chasser : recours à la prostitution.

– Retrait du permis bateau et interdiction de naviguer sur les eaux françaises : recours à la prostitution.

– Confiscation de véhicules, d'armes, de l'animal, de l'objet ayant servi à l'infraction : viol, agression, exhibition, atteinte à vie privée, infractions sexuelles sur mineurs, recours à la prostitution.

– Interdiction des droits civiques, civils et de famille : viol, agression, esclavage, traite, proxénétisme, recours à la prostitution aggravé, atteinte à la vie privée, voyeurisme, infractions sexuelles sur mineurs.

– Interdiction d'exercer une activité professionnelle ou bénévole impliquant un contact habituel avec des mineurs. :

viol, agression sexuelle, traite d'êtres humains, proxénétisme, recours à prostitution aggravé.

– Interdiction de séjour : viol, agressions sexuelles, traite d'êtres humains, proxénétisme, recours à la prostitution aggravé.

– Interdiction de quitter la France : viol, agression sexuelle sur mineurs, esclavage, traite d'êtres humains, proxénétisme, recours à la prostitution aggravé par un étranger, infractions sexuelles sur mineurs.

– Suivi socio-judiciaire : viol, agression sexuelle avec tortures ou actes de barbarie, esclavage, infractions sexuelles sur mineurs.

– Retrait total ou partiel de l'autorité parentale ou de son exercice de cette autorité : viol, agression sexuelle par père ou mère.

– Interdiction de percevoir la pension due au conjoint survivant ou divorcé : viol par époux.

– Interdiction d'exercer une activité professionnelle ou bénévole impliquant un contact habituel avec des mineurs : viol, agressions sexuelles, exhibition, traite d'êtres humains, proxénétisme, recours à la prostitution aggravé, infractions sexuelles sur mineurs.

– Stage ou travail d'intérêt général : outrage sexuel aggravé ou non, recours à la prostitution.

– Interdiction d'exploiter, directement ou indirectement, les établissements ouverts au public ou utilisés par le public, d'y être employé, d'y prendre ou d'y conserver une quelconque participation financière : traite d'êtres humains, proxénétisme, recours à la prostitution aggravé.

– Affichage ou diffusion du jugement : harcèlement sexuel, atteinte à la vie privée, voyeurisme.

– Confiscation des biens : corruption ou images de mineur de moins de quinze ans.

PÉNÉTRATION

Un acte de pénétration* sexuelle, de quelque nature qu'il soit est l'une des deux conditions pour qu'une agression sexuelle soit qualifiée de viol, avec l'acte bucco-génital* (art. 222-23).

Toute forme de pénétration dès lors qu'elle intervient par ou dans un organe sexuel (ainsi, l'introduction d'un sex-toy dans la bouche n'est pas un viol), buccale (fellation), anale (sodomisation), avec un objet, par un animal, commise par ou sur un homme ou une femme, suffit caractériser le viol.

Il est nécessaire qu'elle soit établie selon des critères tels que la profondeur, la durée, l'intensité, le mouvement.

PÉRIODE DE SÛRETÉ

La période de sûreté est la partie incompressible d'une peine privative de liberté supérieure ou égale à dix ans pendant laquelle le condamné ne peut bénéficier de différents aménagements de sa peine tels que suspension, semi-liberté, permissions, libération conditionnelle. Sa durée varie selon la durée de la peine. Son maximum va de la moitié pour une peine d'emprisonnement supérieure à cinq ans à vingt-deux ans pour la réclusion criminelle à perpétuité.

Elle est encourue pour le viol* ayant entrainé la mort et le viol précédé, accompagné ou suivi de tortures ou d'actes de barbarie (arts. 222-25 et 222-26), l'agression sexuelle d'une personne réduite en esclavage* (art. 224-1 B), le proxénétisme aggravé* (art. 225-7), le proxénétisme en bande organisée* (art. 225-8) ou commis avec tortures ou actes de barbarie (art. 225-9).

En cas de viol accompagné ou suivi d'assassinat ou de meurtre d'un mineur de quinze ans, la cour d'assises peut, par décision spéciale, soit porter la période de sûreté jusqu'à trente ans, soit, si elle prononce la réclusion criminelle à perpétuité, décider qu'aucun aménagement de la peine ne sera accordé (arts. 221-3 et 221-4).

PERSONNES MORALES

Il peut s'agir de sociétés commerciales (par exemple, celles exerçant des activités concernant la prostitution, le proxénétisme, les images sexuelles) ou d'associations (par exemple, une secte).

Ces personnes morales peuvent être déclarées responsables pénalement des infractions de viol, agressions sexuelles, recours à la prostitution, proxénétisme, atteinte à la vie privée, infractions relatives aux images des mineurs, harcèlement sexuel et atteinte sexuelle sur un animal. Elles encourent alors, outre l'amende, des peines (toutes ou certaines d'entre elles seulement, selon les cas) telles que dissolution, fermeture, confiscation, interdictions - notamment de l'activité dans le cadre de laquelle l'infraction a été commise - et exclusions diverses ainsi que l'affichage et la diffusion de la condamnation (arts. 222-33-1, 225-12-4, 225-12-9, 226-7, 227-28-1, 222-50-1 et 521-1-1).

Mais elles peuvent aussi être déclarées coupables des infractions de traite d'êtres humains, proxénétisme ou infractions relatives aux établissements, locaux et véhicules abritant la prostitution. Elles encourent, dans ce cas, des peines telles que retrait de licence, confiscation, fermeture et frais de rapatriement des victimes (arts. 225-22 et suivants).

Elles peuvent être également coupables de corruption de mineurs* ou des infractions relatives à l'image des mineurs et risquent alors la confiscation tout ou partie de leurs biens (art. 227-33).

PLAINTE

La victime peut demander à être entendue par un enquêteur du même sexe sous réserve de ne pas faire obstacle au bon déroulement de l'enquête notamment en cas d'urgence (D 1-6 CPP).

Elle doit être entendue par des enquêteurs spécialement formés ou avec leur aide (art. D 1-7 CPP).

Il est par ailleurs envisagé de généraliser le dépôt de plainte pour violences sexuelles dans les hôpitaux où les services de police se déplaceraient.

Dans le cas particulier d'atteinte à la vie privée (images* ou paroles*) une plainte de la victime, de son représentant légal ou de ses ayants droit est toujours nécessaire pour que des poursuites soient éventuellement engagées (art. 226-6).

Voir également *PLATEFORME DE SIGNALEMENT.*

PLAINTE EN LIGNE

Le dépôt d'une plainte en ligne a bien été prévu pour les victimes de viol, d'agressions sexuelles et d'atteintes sexuelles sur mineur, mais un arrêté qui n'a pas été publié à ce jour doit encore le rendre effectif. Pour l'instant la plainte doit toujours être déposée au commissariat ou à la gendarmerie, ou par correspondance.

La plainte en ligne n'est qu'une possibilité et, en ce qui les concerne, après avoir déposé plainte en ligne, elles devront de toute manière être entendues par un officier ou un agent de police judiciaire (art. D 8-2-2 CPP). Concrètement, elles seront informées d'avoir à contacter immédiatement les services de police ou de gendarmerie et, à défaut, de conserver les éléments de preuve dont les vêtements qu'elles portaient au moment des faits et, si nécessaire, de se rendre dans une unité médico-judiciaire ou un établissement hospitalier (art. D 8-2-3 CPP).

Dans tous les cas d'infraction sexuelle, elles devront être informées sur les possibilités de prise en charge psychologique et médicale (art. D 8 -2-5 CPP).

PLATEFORME DE SIGNALEMENT

Une plateforme de signalement des violences sexuelles et sexistes permet aux victimes ou témoins de violences sexuelles d'échanger gratuitement et anonymement en ligne 24 H/24 et 7J/7 avec des policiers ou des gendarmes spécialement formés.

POMPES FUNÈBRES

Voir *INTERDICTION D'EXERCER.*

PORNOGRAPHIE

Voir *OUTRAGE SEXUEL, PÉDOPORNOGRAPHIE*

PRÉCARITÉ

La précarité de la situation économique ou sociale de la victime est une cause d'aggravation de la peine encourue pour certaines infractions sous certaines conditions (arts. 222-24, 222-29, 222-33 4° et 222-33-1-1 4°) :

– Elle doit l'avoir rendue particulièrement vulnérable* (viol, agression sexuelle, harcèlement sexuel, outrage sexuel) ou dépendante (viol, harcèlement, outrage).

– La particulière vulnérabilité ou la dépendance doivent être apparentes ou connues de l'auteur de l'infraction. Dans le cas de l'agression sexuelle, la dépendance peut être d'autant plus forte que l'auteur abuse de l'autorité de ses fonctions ce qui aggrave encore la peine (art. 222-30 3°).

PRÉJUDICE

Comment obtenir une indemnisation ?

1 - Tous les dommages corporels et moraux de la victime sont réparables. Il a été jugé, par exemple, que le préjudice

d'une fillette victime d'infraction sexuelle avec contrainte (en l'espèce, attentat à la pudeur) comportait la frayeur, le trouble consécutif et la perte d'une chance quant à son épanouissement harmonieux.

Mais les victimes indirectes, tel l'enfant né d'un viol ou d'un viol incestueux, sont également fondées à demander la réparation de leur préjudice moral, psychologique et biologique.

De même, la famille proche des victimes d'agressions sexuelles pour leur préjudice personnel, financier ou moral (ainsi jugé, par exemple, pour les sœurs d'une victime d'agressions sexuelles répétées).

2 - Il est possible, indépendamment de l'aspect pénal des faits de saisir le juge civil c'est-à-dire le tribunal judiciaire du lieu de l'infraction ou de demander réparation à la juridiction pénale qui doit juger l'infraction (cour d'assises, tribunal correctionnel ou tribunal de police) après s'être constitué partie civile*.

La réparation des dommages corporels causés par les agressions sexuelles peut être demandée devant le juge civil pendant dix ans à compter de la date de la consolidation du dommage et vingt ans si la victime est mineure (art. 2226 C Civ). S'agissant d'un préjudice psychique se manifestant ou s'aggravant parfois longtemps après les faits, la prescription peut courir à compter de la psychothérapie entreprise pour y mettre fin qui correspond à sa prise de conscience.

3 - Il est également possible, même en dehors de tout recours judiciaire, de saisir la Commission des victimes d'infractions (CIVI) qui siège auprès de chaque tribunal judiciaire, que l'auteur soit en mesure ou pas de réparer le préjudice.

Les victimes d'infractions sexuelles de nationalité française ont droit, en effet, à la réparation intégrale de leur préjudice pour les infractions commises en France, sans condition d'incapacité temporaire ou permanente et sous réserve d'absence de faute de leur part (art. 706-3 CPP).

La demande d'indemnité doit être présentée dans les trois ans de l'infraction, délai qui peut être prorogé jusqu'à un an après la décision du juge pénal lorsque des poursuites sont engagées. Elle est transmise avec les pièces justificatives au Fonds de garantie des victimes des actes de terrorisme et autres infractions (FGTI) qui doit dans les deux mois faire une offre d'indemnisation ou opposer un refus motivé. Si l'offre est acceptée par la victime, elle est homologuée par la commission, le Fonds de garantie se substitue alors à la victime pour obtenir le remboursement par l'auteur.

Dans le cas de poursuites, la commission peut statuer avant la décision du juge pénal ou surseoir jusqu'à celle-ci, notamment à la demande de la victime. Dans le premier cas, si le juge pénal accorde une indemnité plus importante que l'offre du Fonds de garantie, la victime peut saisir à nouveau la commission pour demander un complément d'indemnité (arts. 706-4 et s. CPP).

4 - Il est enfin possible de saisir directement le Fonds de garantie.

Il doit, dans le mois de la demande, verser une ou plusieurs provisions, faire procéder à l'examen médical de la victime et lui présenter une offre d'indemnisation dans les trois mois de la réception de la justification de ses préjudices (art. L422-2 du code des assurances).

Par ailleurs, le Fonds de garantie a pour mission l'aide au recouvrement des dommages-intérêts. Quand la victime a obtenu une indemnisation du juge pénal, mais ne peut obtenir réparation par la CIVI, le Fonds de garantie doit dans les deux mois de sa demande lui verser une provision de 1000 à 3000 euros en fonction de l'importance des indemnités et procéder à leur recouvrement (arts. L422-7 et L422-8 du code des assurances).

La CIIVISE* préconise de garantir une réparation indemnitaire prenant réellement en compte la gravité du préjudice et les préjudices spécifiques :

– Le préjudice sexuel.

– Le préjudice intrafamilial dans les cas d'inceste.

– Le préjudice résultant d'une grossesse issue du viol.

– Le préjudice résultant de l'altération handicapante des fonctions cognitives, mentales ou psychiques liée aux violences sexuelles.

Voir également *ACCIDENT DE TRAVAIL.*

PRESCRIPTION

Les crimes sexuels sont prescrits au bout de vingt années et les délits sexuels au bout de six, à compter de l'infraction. Aucunes poursuites ne peuvent donc plus être exercées. Jusqu'au 1er mars 2017, la prescription n'était que de dix et trois ans. Les nouveaux délais ne s'appliquent qu'aux crimes et délits non prescrits à cette date.

Mais commis sur des mineurs*, les crimes sexuels sont prescrits au bout de trente années révolues, les agressions et atteintes sexuelles au bout de vingt années révolues et les autres délits au bout de dix années révolues, à compter de leur majorité.

En outre, en cas de viol, d'agression sexuelle ou d'atteinte sexuelle sur un mineur, si l'auteur commet au cours des trente ou vingt années un nouveau viol, une agression sexuelle ou une atteinte sexuelle sur un autre mineur, le délai est prolongé jusqu'à la prescription de la nouvelle infraction. En cas d'agression ou d'atteintes sexuelles, le principe est le même s'il commet une autre agression ou atteinte sexuelle sur un autre mineur.

Exemples : Si le majeur commet le viol sur un mineur âgé de quatorze ans le 30/04/2023, le crime sera prescrit le 31/12/2053, mais s'il commet le 25/01/2052 une agression sexuelle sur un autre mineur dont le délai de prescription est de vingt ans, le crime de viol ne sera prescrit que le 31/12/2072. S'il avait commis une agression sexuelle et non un viol le 30/04/2023 et commet une nouvelle agression le 26/02/2039, le délai de prescription de la première sera prolongé jusqu'au 31/12/2059.

L'amnésie de la victime est sans incidence sur la prescription.

En outre, les interruptions de la prescription de la nouvelle infraction ont pour effet d'interrompre la prescription de l'infraction initiale.

Les délais de prescription de la non-dénonciation de ces crimes et délits sont portés, lorsqu'ils sont commis sur des mineurs, mais également sur des personnes vulnérables*, à vingt années (viol) et dix années (agression et atteintes sexuelles) révolues à compter de la majorité du mineur (arts. 7, 8 et 9-2 CPP).

En cas de classement sans suite, non-lieu, relaxe ou acquittement pour infractions sexuelles par des majeurs sur des mineurs en raison de la prescription, mais reconnues par leur auteur, une mesure de justice restaurative* est susceptible d'être mise en œuvre (art. D 1-1-1).

La réparation des dommages corporels causés par les agressions sexuelles peut être demandée pendant dix ans à compter de la date de la consolidation du dommage et vingt ans si la victime est mineure (art. 2226 C Civ). S'agissant d'un préjudice psychique se manifestant ou s'aggravant parfois longtemps après les faits, la prescription peut courir à compter de la psychothérapie entreprise pour y mettre fin qui correspond à sa prise de conscience.

PRÉSENTS

Les présents relèvent des mêmes dispositions que les dons. Voir *DONS.*

PRESSE

Lorsque les délits d'atteinte à la vie privée* des majeurs ou des mineurs sont commis par voie de la presse écrite ou audiovisuelle, les responsables sont ceux désignés par les dispositions particulières des lois sur la presse (arts. 226-2 et 227-28).

L'identité d'un(e) plaignant(e), souhaitant rester anonyme, ne peut être révélée que si cette information contribue à nourrir le débat d'intérêt général. La diffusion de renseignements sur l'identité ou d'images permettent d'identifier une victime d'agression ou d'atteinte sexuelle sans son accord est puni de 15 000 euros d'amende (art. 39 quinquies de la loi du 29/07/1881).

Voir également *PROVOCATION.*

PRESSION

Voir *PÉDOPORNOGRAPHIE.*

PRÉVENTION

Les professions des activités physiques et sportives reçoivent un enseignement sur la prévention et la lutte contre les violences sexuelles* (art. L211-7 du code du sport).

Voir également *ÉTABLISSEMENT D'ENSEIGNEMENT, JOURNÉE DÉFENSE ET CITOYENNETÉ.*

PRISE DE SANG

Voir *MALADIES SEXUELLEMENT TRANSMISSIBLES.*

PROCÉDURE

En cas de peur de la victime de comparaître, les juges doivent vérifier si toutes les autres possibilités, telles que l'anonymat ou d'autres mesures spéciales, sont inadaptées ou impossibles à mettre en œuvre. Ils peuvent, par exemple, ordonner une expertise médicale de la victime pour vérifier que sa comparution est impossible ou procéder à une confrontation par visioconférence.

Par ailleurs, les infractions sexuelles font l'objet de dispositions spécifiques (art. 706-47 CPP) :

– Des mesures relatives à l'injonction de soins*, l'expertise*, aux maladies sexuellement transmissibles*, l'information de l'administration* et aux mineurs* (arts. 706-47-1 à 708-53 CPP).

– Un fichier national informatisé des auteurs* (arts. 706-53-1 à 706-53-12 CPP).

– Des mesures de rétention* et de surveillance* de sûreté (arts. 706-53-13 à 706-53-22 CPP).

PROFESSIONNEL DE SANTÉ

Voir *MÉDECIN.*

PROMESSES

Les promesses relèvent des mêmes dispositions que les offres. Voir *OFFRES.*

PROPOS

Tout propos à connotation sexuelle qui porte atteinte à la dignité en raison de son caractère dégradant ou humiliant ou crée une situation intimidante, hostile ou offensante est un outrage* (art. R 625-8-3).

Exemples : des propositions sexuelles (faites à des mineurs de quinze ans, il s'agit d'un délit. Voir

PROPOSITIONS), des propos obscènes, voire des questions inappropriées sur la vie, les habitudes sexuelles.

Voir également *PAROLES.*

PROPOSITIONS

Pour un majeur, faire des propositions sexuelles à un mineur de moins de quinze ans* ou à une personne se présentant comme telle (il suffit donc qu'un mineur plus âgé se présente comme ayant moins de quinze ans) en utilisant un moyen de communication électronique* est puni de deux ans d'emprisonnement et de 30 000 euros d'amende et de cinq ans et 75 000 euros lorsque les propositions ont été suivies d'une rencontre (art. 227-22-I).

Exemple : demander au mineur de se déshabiller et de se livrer à des actes pornographiques devant sa webcam.

Voir également *CORRUPTION DE MINEUR.*

PROSTITUTION

La prostitution est présente dans les infractions sexuelles sous différentes formes, mais elle n'est pas punissable en tant que telle. Le délit de racolage qui frappait directement les prostitué(e)s n'existe plus depuis une loi du 13 avril 2016 et ce sont ceux qui y ont recours, la favorisent, l'exploitent (voir *PROXÉNÉTISME)* ou l'agressent qui sont visés.

Selon les tribunaux, elle consiste à se prêter contre rémunération à des contacts physiques de toute nature en vue de satisfaire des besoins sexuels qui peuvent consister, par exemple, en de simples exhibitions, des attouchements et caresses pratiquées par des « masseuses ». La rémunération peut résulter des circonstances bien que non apparente dans les propositions sexuelles faites en ligne ou tout autre support.

1 - Les clients

Le fait de solliciter, d'accepter ou d'obtenir des relations sexuelles d'une personne qui se prostitue, même occasionnellement, en échange d'une rémunération*, d'un avantage en nature* ou de leur promesse*, est puni d'une amende pour contravention de 5e classe (1500 euros maximum) et de 3750 euros en cas de récidive, et de peines complémentaires parmi lesquelles la suspension du permis de conduire, l'interdiction de détenir ou de porter une arme ou sa confiscation, le retrait du permis de chasse, l'obligation de stage ou de travail d'intérêt général (arts. 611-1 et 225-12-1).

En sanctionnant tout recours à la prostitution même entre majeurs consentants, le législateur a voulu frapper le proxénétisme sous le contrôle duquel s'exerce la plus grande part de cette activité. Le Conseil constitutionnel a validé la mesure. Le 31 août 2023, la CEDH (Cour européenne des droits de l'homme) a déclaré le recours exercé par des travailleurs du sexe contre cette loi recevable et se prononcera ultérieurement sur son bien-fondé.

Le fait pour des clients de prostituées de rémunérer celles-ci pour des rencontres auxquelles ils participent eux-mêmes dans l'appartement de l'un d'eux avec des amis est un recours à la prostitution, mais pas du proxénétisme.

Si la personne est mineure* ou d'une particulière vulnérabilité*, apparente ou connue de l'auteur, en raison d'une maladie, une infirmité, un handicap ou une grossesse, la peine est très sensiblement aggravée à cinq ans d'emprisonnement et à 75 000 euros d'amende (art. 225-12-1) et jusqu'à sept ans et 100 000 euros dans l'un des cas suivants : recours habituel ou à l'égard de plusieurs, un réseau de communication* électronique a été utilisé pour le contact, abus de l'autorité* des fonctions*, mise en danger délibérée ou par imprudence, violences. Et même dix ans et

150 000 euros s'il s'agit d'un mineur de moins de quinze ans (art. 225-12-2).

Si ces délits sont commis à l'étranger* par un Français ou par une personne résidant habituellement en France, la loi française est applicable (art. 225-12-3).

Les personnes morales* déclarées responsables pénalement encourent, outre l'amende, des peines telles que dissolution, fermeture, confiscation, interdictions - notamment de l'activité dans le cadre de laquelle l'infraction a été commise - et exclusions diverses ainsi que l'affichage et la diffusion de la condamnation (art. 225-12-4).

2 - Le viol ou l'agression sexuelle* d'un(e) prostitué(e), même occasionnel(le), dans l'exercice de son activité, est une circonstance aggravante pour laquelle la peine est portée à vingt ans de réclusion criminelle (viol) et à sept ans et 100 000 euros d'amende (agression) (art. 222-28 9°).

À noter, bien qu'il ne s'agisse pas nécessairement de violences sexuelles proprement dites, que les violences ayant entrainé la mort sans intention de la donner ainsi que les tortures et actes de barbarie, les violences ayant entrainé une mutilation ou une incapacité commises sur un(e) prostitué(e) pendant son activité sont également punis plus sévèrement (arts. 222-3 5° quater, 222-8 5° quater, 222-10 quater, 222-12 quater et 222-13 quater).

3 - Détenir, gérer, exploiter, diriger, faire fonctionner, financer ou contribuer à financer un établissement* de prostitution ou un établissement* ouvert au public ou utilisé par le public dans lequel on accepte, ou tolère habituellement la prostitution ou la recherche de clients y compris dans ses annexes, vendre ou mettre à disposition des locaux*, des emplacements* non utilisés par le public ou des véhicules à quelqu'un dont on sait qu'il va s'y livrer à la prostitution, directement ou par personne interposée, est puni de dix ans

d'emprisonnement et de 750 000 euros d'amende avec une période de sûreté* (art. 225-10).

Voir également *COMMISSION DÉPARTEMENTALE, ÉTABLISSEMENT D'ENSEIGNEMENT, OFFICE CENTRAL POUR LA RÉPRESSION DE LA TRAITE DES ÊTRES HUMAINS, PEINES COMPLÉMENTAIRES, PERSONNES MORALES.*

PROVOCATION

Provoquer directement à commettre des crimes ou délits sexuels verbalement, sur différents supports graphiques ou par un moyen de communication électronique est considéré comme une complicité* si l'infraction a été tentée ou commise, sous réserve que la provocation ait eu une certaine publicité : lieux ou réunions publics, à la vue du ou diffusion au public, selon les cas.

La provocation à des agressions sexuelles* non suivie d'effet est punie de cinq ans d'emprisonnement et 45 000 euros d'amende (arts. 23 et 24 de la loi du 29/07/1881).

Voir également *INCITATION.*

PROXÉNÉTISME

Selon le code pénal, le proxénétisme consiste, sous quelque forme que ce soit, à aider, assister ou protéger la prostitution*, à en tirer profit, en partager les produits ou en recevoir des subsides, à embaucher, entraîner, détourner ou faire pression sur quelqu'un pour qu'il se prostitue. Il est puni de sept ans d'emprisonnement et 150 000 euros d'amende (art. 225-5).

Il n'est pas nécessaire de s'y livrer habituellement, ni dans les cas d'aide, assistance ou protection, d'en tirer profit. En revanche, si des fonds sont perçus, il faut en connaître l'origine.

Exemples : prendre en charge des jeunes femmes de l'aéroport à l'hôtel où elles logeront et les conduire par la suite sur les lieux de leur prostitution est une aide ou assistance ; enfermer une femme plusieurs jours dans un appartement est un moyen de pression. Mais le fait pour des clients de prostituées de rémunérer celles-ci pour des rencontres auxquelles ils participent eux-mêmes dans l'appartement de l'un d'eux avec des amis est un recours à la prostitution, mais pas du proxénétisme.

Jouer le rôle d'intermédiaire entre le(la) prostitué(e) et le proxénète, permettre à un proxénète de justifier de ressources fictives, ne pas pouvoir justifier de ressources correspondant à son train de vie tout en vivant ou en ayant des relations habituelles avec une personne qui se livre habituellement à la prostitution, entraver la prévention, le contrôle, l'assistance ou la rééducation de personnes en danger de prostitution ou s'y livrant est assimilé au proxénétisme (art. 225-6).

Exemples d'intermédiaires : la mise en relation sous couvert d'une agence matrimoniale, par un journal d'annonces pour des massages spéciaux, par des moyens de télécommunication (téléphone rose, sites spécialisés, par exemple), par un établissement où le paiement d'une consommation permet d'être admis à des actes de prostitution ou d'y assister.

Les relations habituelles peuvent être la cohabitation, mais pas nécessairement.

La peine est portée à dix ans et 1 500 000 euros avec période de sûreté* lorsqu'il est commis dans un certain nombre de cas : à l'égard d'un mineur*, d'une personne dont la particulière vulnérabilité* est apparente ou connue du proxénète, de plusieurs personnes, d'une personne incitée à se livrer à la prostitution hors de France ou à son arrivée en France, par un ascendant*, par celui qui a autorité sur elle ou abuse de l'autorité* de ses fonctions ou dont les fonctions* consistent précisément à lutter contre la prostitution, à protéger la santé ou à maintenir l'ordre public, par celui qui est porteur d'une arme*, utilise la contrainte*, la violence* ou des manœuvres dolosives*, agit à plusieurs sans qu'il s'agisse d'une bande organisée ou utilise un réseau de communication électronique* (art. 225-7).

Il s'agit, entre autres, de viser les proxénètes qui font venir leurs victimes de l'étranger et les font se prostituer aussitôt (mais pas au bout de 8 mois, par exemple, ainsi qu'il a été jugé) et les réseaux organisés par différents individus et regroupant plusieurs prostitué(e)s

Elle est portée, avec une période de sûreté, à vingt ans de réclusion criminelle et 3 000 000 euros d'amende si le mineur a moins de quinze ans* ou s'il est commis en bande organisée* (arts. 225-7-1 et 225-8), à la réclusion criminelle à perpétuité et 4 500 000 euros d'amende s'il est accompagné de tortures ou actes de barbarie (art. 225-9).

Dans le même ordre, détenir, gérer, exploiter, diriger, faire fonctionner, financer ou contribuer à financer un établissement* de prostitution ou un établissement* ouvert au public ou utilisé par le public dans lequel on accepte ou tolère habituellement la prostitution ou la recherche de clients y compris dans ses annexes, vendre ou mettre à disposition des locaux*, des emplacements* non utilisés par le public ou des véhicules à quelqu'un dont on sait qu'il va s'y livrer à la prostitution, directement ou par personne interposée, est puni de dix ans d'emprisonnement et de 750 000 euros d'amende avec une période de sûreté* (art. 225-10). À noter que l'amende est cinq fois plus élevée que pour le proxénétisme.

L'habitude est désormais nécessaire : abriter des prostituées pour les faire échapper à la police ne serait probablement plus poursuivi aujourd'hui ; mais pour la propriétaire d'un hôtel, continuer à y faire le ménage après avoir constaté au fil du temps que de jeunes femmes s'y prostituaient, oui.

Détenir la grande majorité des parts de l'établissement, vendre le local avec paiement différé ou prêter de l'argent pour son acquisition, louer ou continuer à louer après avoir appris que le locataire s'y livrait à la prostitution tombe également sous le coup de ces dispositions.

Quand le délit ou le crime est commis à l'étranger* par un Français ou par une personne résidant habituellement en France, la loi française est applicable (art. 225-11-2).

Les personnes morales* déclarées responsables pénalement encourent, outre l'amende des peines telles que dissolution, fermeture, confiscation, interdictions - notamment de l'activité dans le cadre de laquelle l'infraction a été commise - et exclusions diverses ainsi que l'affichage et la diffusion de la condamnation (art. 225-12-9).

Le recrutement, le transport, le transfert, l'hébergement ou l'accueil d'une personne afin de la mettre à sa disposition ou à la disposition d'un tiers et de permettre le proxénétisme est considéré comme traite d'"êtres humains* punie de sept ans d'emprisonnement et de 150 000 euros d'amende en cas de menace, de contrainte*, de violence* ou de manœuvre dolosive* envers la victime, sa famille ou une personne en relation habituelle avec la victime, si l'auteur est un ascendant* ou a autorité* sur elle ou abuse de ses fonctions*, abuse de sa vulnérabilité* apparente ou connue de lui, en cas d'échange ou octroi d'une rémunération*, d'un avantage* ou de leur promesse*. Si la victime est un mineur*, l'infraction est constituée en dehors même de ces circonstances et punie de dix ans d'emprisonnement et de 1 500 000 euros d'amende (art. 225-4-1).

La tentative* de ces différents délits et crimes est punie des mêmes peines (art. 225-11) mais elle en est exemptée si l'intéressé a averti l'autorité administrative ou judiciaire et a ainsi permis d'éviter que l'infraction soit commise et d'identifier les autres auteurs ou complices.

De même, la peine d'emprisonnement ou de réclusion encourue sera réduite de moitié si, l'infraction ayant débuté, l'auteur ou le complice ont averti l'autorité administrative ou judiciaire et ainsi permis d'y mettre fin ou d'éviter qu'elle entraîne une mort ou infirmité permanente et d'identifier les autres auteurs ou complices. Lorsque la peine encourue est la réclusion criminelle à perpétuité, elle est ramenée à vingt ans (art. 225-11-1).

Voir également *COMMISSION DÉPARTEMENTALE, OFFICE CENTRAL POUR LA RÉPRESSION DE LA TRAITE DES ÊTRES HUMAINS.*

R

RÉCIDIVE

La récidive consiste à commettre dans un certain délai variable selon l'infraction, la même infraction ou une infraction semblable après une condamnation pour une première infraction, définitive et non effacée. Elle entraîne une aggravation de la peine (arts. 132-8 à 132-11) qui consiste, en général, en un doublement de la peine normalement encourue pour la seconde infraction.

Parmi les infractions sexuelles, deux cas méritent d'être signalés. Les délits d'agressions sexuelles et d'atteintes sexuelles, d'une part (art. 132-16-1) et les délits de traite des êtres humains* et de proxénétisme*, d'autre part, sont considérés comme une même infraction (arts.132-16-1 et 132-16-3) permettant de retenir la récidive.

L'outrage * et le recours à la prostitution* sont punis de 3750 euros d'amende au lieu d'une amende pour contravention de 5e classe d'un maximum de 1500 euros s'ils sont commis en récidive (arts. 222-33-1-1 8° et 225-

Voir également *SURSIS PROBATOIRE.*

RECOURS À LA PROSTITUTION

Voir *PROSTITUTION.*

RÉDUCTION EN ESCLAVAGE

Voir *ESCLAVAGE.*

RÉMUNÉRATION

1 - Une rémunération effective ou promise peut être à l'origine même de l'infraction.

– Elle peut s'adresser à la victime en vue de faciliter l'infraction :

*Prostitution**. Le fait de solliciter, d'accepter ou d'obtenir des relations sexuelles d'un(e) prostitué(e) en échange d'une rémunération ou de sa promesse est puni d'une amende pour contravention de 5e classe et de différentes peines complémentaires (art. 611-1).

*Traite d'êtres humains**. Le recrutement, le transport, le transfert, l'hébergement ou l'accueil d'une personne contre une rémunération ou sa promesse pour la mettre à sa disposition ou à la disposition d'un tiers, même non identifié, afin de permettre à son encontre les infractions de proxénétisme, d'agression ou d'atteinte sexuelles* est considéré comme la traite d'êtres humains* punie de sept ans d'emprisonnement et de 150 000 euros d'amende (art. 225-4-1)

*Mutilations**. Proposer une rémunération à un mineur pour qu'il se soumette à une mutilation sexuelle est puni de sept ans d'emprisonnement et de 100 000 euros d'amende (art. 227-24-1).

– Ou à un tiers sous forme d'incitation :

Le seul fait de proposer une rémunération à quelqu'un pour l'inciter à commettre un viol y compris à l'étranger est puni de dix ans d'emprisonnement et 150 000 euros d'amende (art. 222-26-1), pour commettre différentes infractions contre un mineur (proxénétisme, corruption, images, atteinte sexuelle) de sept ans d'emprisonnement et 100 000 euros d'amende s'il s'agit d'un crime et 3 ans et 45 000 euros s'il s'agit d'un délit (art. 227-28-3) et pour commettre une mutilation sexuelle sur un mineur de sept ans et 150 000 euros (art. 227-24-1).

2 - Elle peut aussi influer sur la nature de l'infraction.

Ainsi, il n'y aura pas viol par un majeur sur un mineur âgé de moins quinze ans dans le cas où la différence d'âge entre les deux est d'au moins cinq ans, si les faits sont commis en échange d'une rémunération ou de sa promesse* (art. 222-23-1) mais un recours prohibé à la prostitution de ce mineur (voir *PROSTITUTION*).

REPRÉSENTANTATION (D'UN MINEUR)

Voir *PÉDOPORNOGRAPHIE.*

RÉSEAU DE COMMUNICATION ÉLECTRONIQUE

L'utilisation d'un réseau de communication électronique pour commettre l'infraction ou y parvenir a très largement facilité les infractions sexuelles. C'est la raison pour laquelle, il s'agit dans la plupart des cas d'une circonstance aggravante pour laquelle les peines sont plus lourdes :

Pour le viol*, vingt ans de réclusion criminelle (art. 222-24).

Pour l'agression sexuelle*, sept ans d'emprisonnement et 100 000 euros d'amende (art. 222-28 6°).

Pour le harcèlement sexuel*, trois ans d'emprisonnement et 45 000 euros d'amende (art. 233-22 6°).

Pour le recours à la prostitution*, sept ans d'emprisonnement et 100 000 euros d'amende (art. 225-12-2 2°).

Pour le proxénétisme*, dix ans d'emprisonnement et 1 500 000 euros d'amende (art. 225-7 10°).

Pour la corruption de mineur*, sept ans d'emprisonnement et 100 000 euros d'amende portés à dix ans et 150 000 euros si le mineur a moins de quinze ans (art. 227-22).

Pour les propositions* sexuelles par un majeur à un mineur de moins de quinze ans ou à une personne se présentant comme telle, deux ans d'emprisonnement et 30 000 euros d'amende et cinq ans et 75 000 euros lorsque les propositions ont été suivies d'une rencontre (art. 227-22-1).

Pour l'incitation* par un majeur d'un mineur à commettre tout acte de nature sexuelle, soit sur lui-même, soit sur ou avec un tiers, y compris si elle n'est pas suivie d'effet, sept ans d'emprisonnement et 100 000 euros d'amende et dix ans et 150 000 euros si le mineur a moins de quinze ans*, dix ans et un million d'euros si les faits ont été commis en bande organisée* (art. 227-22-2).

Pour la pédopornographie*, sept ans d'emprisonnement et 100 000 euros d'amende (art. 227-23).

Pour l'atteinte sexuelle* sur un mineur de moins quinze ans*, dix ans d'emprisonnement et 150 000 euros d'amende (art. 227-26 4°).

RÉTENTION DE SÛRETÉ

Les condamnés à au moins quinze ans de réclusion criminelle pour viol sur mineur, pour viol aggravé ou viol en récidive sur un majeur qui, à l'issue de leur peine, présentent une particulière dangerosité caractérisée par une probabilité très élevée de récidive parce qu'ils souffrent d'un trouble grave de la personnalité, peuvent être placés dans un centre socio-médico-judiciaire pour une durée d'un an renouvelable où leur est proposée une prise en charge médicale, sociale et psychologique pour pouvoir en sortir (arts. 706-53-13 et 706-53-16 CPP) et à l'issue de laquelle une surveillance de sûreté peut être ordonnée (art. 706-53-19 CPP).

RÉUNION

Voir *GROUPE.*

S

SALARIÉS

Voir *DISCRIMINATION, HARCÈLEMENT.*

SANCTIONS DISCIPLINAIRES

Voir *HARCÈLEMENT, INTERDICTIONS D'EXERCER.*

SECRET PROFESSIONNEL

La révélation d'une information à caractère secret par certains professionnels est normalement punie d'un an d'emprisonnement et 15 000 euros d'amende (art. 226-13) mais, par exception, le médecin* ou le professionnel de santé peut, lui, avec l'accord de la victime, et même sans son accord s'il s'agit d'un mineur ou d'une personne qui n'est pas en mesure de se protéger en raison de son âge ou de son incapacité physique ou psychique, dénoncer les sévices qu'il a constatés et font présumer des violences sexuelles, sans enfreindre le secret professionnel.

De même, le vétérinaire*, s'agissant d'une atteinte sexuelle sur un animal constatée dans le cadre de son exercice professionnel.

Ces signalements ne peuvent pas non plus engager leur responsabilité civile, pénale ou disciplinaire sauf mauvaise foi (art. 226-14).

L'accord de la victime est essentiel en dehors des exceptions.

Le secret peut toujours être opposé lorsqu'il s'agit de révélations ou de confidences spontanées et non d'une recherche faite par celui qui est tenu au secret.

Sauf disposition particulière, les personnes tenues au secret sont dispensées de l'obligation de dénonciation des atteintes et agressions sexuelles commises sur certaines personnes.

Voir également *NON-DÉNONCIATION.*

SÉCURITÉ SOCIALE

Voir *SOINS.*

SÉROPOSITIVITÉ

Bien qu'il ne s'agisse pas d'infraction sexuelle proprement dite, le fait de ne pas révéler sa séropositivité pour avoir des relations sexuelles et de contaminer sa (son) partenaire est considéré comme le délit d'administration d'une substance de nature à nuire à la santé physique (art. 222-15).

Avoir des relations sexuelles non protégées, en méconnaissance des recommandations des autorités sanitaires avec un partenaire qui a dissimulé sa séropositivité, ne constitue pas une faute, selon la jurisprudence.

SIGNALEMENT

Voir *PLATEFORME DE SIGNALEMENT.*

SIMULATION

L'exhibition sexuelle* ne résulte pas seulement de l'exposition d'une partie dénudée du corps. Elle consiste également à commettre explicitement un acte sexuel qui peut n'être que simulé (art. 222-32).

Exemples : se masturber ou faire semblant, mimer un rapport.

SOINS

Les soins reçus aux urgences et plus généralement les prestations en nature de l'assurance maladie faisant suite aux infractions sexuelles subies par les mineurs* sont dispensés de toute participation financière (arts. R 160-17-1 et R 322-9 CSS).

Voir également *INJONCTION DE SOINS.*

SPORT

Voir *PRÉVENTION, INTERDICTIONS D'EXERCER.*

STAGES

Des stages peuvent être proposés aux délinquants sexuels à différents stades de la procédure.

S'il est susceptible d'assurer la réparation du dommage, de mettre fin au trouble causé par l'infraction ou de contribuer au reclassement de l'auteur des faits ou si l'auteur a reconnu l'infraction pour laquelle la peine est inférieure à cinq ans d'emprisonnement, le procureur de la République peut, avant de décider de poursuivre, l'orienter ou le faire orienter vers un stage de sensibilisation à la lutte contre l'achat d'actes sexuels (arts. 41-1 et 41-2 CPP).

Lorsqu'un délit est puni d'emprisonnement, le juge peut, à la place ou en même temps, décider que le condamné devra accomplir, pendant un mois maximum, un stage dont il précise la nature, les modalités et le contenu selon la nature du délit et les circonstances dans lesquelles il a été commis. Ainsi, pour le recours à la prostitution, un stage de sensibilisation à la lutte contre l'achat d'actes sexuels qui doit permettre de rappeler au condamné ce que sont les réalités de la prostitution et les conséquences de la marchandisation du corps et à lui faire prendre conscience de sa responsabilité pénale et civile (art. R 131-35 6°) ou pour les atteintes sexuelles sur les animaux, un stage de sensibilisation à la prévention et à la lutte contre la maltraitance animale (art. 131-5-1 5° et 8°).

Les personnes coupables d'outrage sexuel*encourent également une peine complémentaire* consistant en différents stages notamment sur la citoyenneté et l'égalité hommes-femmes (art. R 625-8-3). De même celles qui ont recours à la prostitution (arts. 611-1 et 225-12-1).

STATISTIQUES

– Selon les chiffres donnés par le Ministère de l'Intérieur le 30 janvier 2025, les violences sexuelles se sont élevées à 122600 (en augmentation de 7% par rapport à 2023) dont 46300 viols et tentatives de viol (en augmentation de 9%).

À Paris, la situation est encore plus préoccupante. En 2023, le nombre de plaintes pour violences sexuelles a progressé de 30 % par rapport à 2021 selon la procureure et quatre plaintes pour viol y seraient déposées chaque jour depuis le début de l'année, selon le journal Le Parisien. 280 viols ou agressions sexuelles commis sur la voie publique ont été recensés par la préfecture de police entre le 1/01 et le 31/08.

Dans les transports, les infractions sexuelles sont en hausse de 11,7 % en Île-de-France par rapport à 2021 et dans l'agglomération parisienne de 15,2 %, selon une note de la préfecture de police. Selon une autre source (Rapport annuel du Service Statistique du Ministère de la Sécurité Intérieure SSMSI), l'augmentation est de 13 % au niveau national et de 19 % en Île-de-France.

Selon la MIPROF*, en 2023 86 % des victimes de violences sexuelles sont des femmes et 95 % des auteurs sont des hommes.

Dans un rapport du 31 mars 2022, la CIIVISE* estime que 160 000 enfants sont victimes de violences sexuelles chaque année en France dont 90 % de femmes, que 5,4 millions d'hommes et de femmes ont été victimes de violences sexuelles dans leur enfance et que les violences subies durant l'enfance et l'adolescence sont 8 fois sur 10 incestueuses.

– Concernant les poursuites, selon une étude de l'Institut des politiques publiques, entre 2012 et 2021, les classements sans suite qui sont en hausse pour les violences sexuelles, se sont élevés à 86 %, 14 % des suspects ont été jugés dont 13 % reconnus coupables. Les peines d'emprisonnement ont été en moyenne de 6,8 mois pour le harcèlement sexuel, 19,6 mois pour les agressions sexuelles et 29, 6 mois pour les viols.

STUPÉFIANTS

Selon l'enquête « Cadre de vie et sécurité » du Ministère de l'Intérieur, 49 % des femmes victimes de viols ou de tentatives de viols estiment que l'auteur était sous l'influence de l'alcool ou de drogues.

Loin d'être une excuse, la consommation de produits stupéfiants entraine, au contraire, une aggravation de la peine encourue.

Ainsi, pour le viol commis sous l'emprise manifeste de produits stupéfiants, la peine est portée à vingt ans de réclusion criminelle (art. 222-24 12°).

Pour l'agression sexuelle, à sept ans et 100 000 euros d'amende (art. 222-28 8°) et, si la victime est une personne dont la particulière vulnérabilité physique, psychique ou résultant de la précarité de sa situation économique ou sociale est apparente ou connue de l'auteur, à dix ans et 150 000 euros (art. 222-30 7°).

Pour l'atteinte sexuelle* sur un mineur de moins de quinze ans*, à sept ans et 100 000 euros (art. 227-26 5°).

SUBSTANCES PSYCHOACTIVES

Voir également *STUPÉFIANTS*.

Elles peuvent concerner la victime comme l'auteur d'infractions sexuelles. Dans les deux cas, s'ensuivra une aggravation de la peine.

1 - Administrer à une personne, à son insu, une substance de nature à altérer son discernement ou le contrôle de ses actes en vue de commettre un viol* ou une agression sexuelle* est puni de cinq ans d'emprisonnement et de 75 000 euros d'amende et à sept ans et à 100 000 euros s'il s'agit d'un mineur de moins de quinze ans (art. 222-30-1).

Il s'agit du GHB et des substances semblables. Si le viol a eu lieu, la peine est portée à vingt ans de réclusion criminelle (art. 222-24 15°).

Si l'agression sexuelle a eu lieu, elle est portée à sept ans d'emprisonnement et 100 000 euros d'amende (art. 222-28 11°) et à dix ans et 150 000 euros si la victime est d'une particulière vulnérabilité* physique, psychique ou résultant de la précarité de sa situation économique ou sociale, apparente ou connue de l'auteur (art. 222-30 8°).

2 - Celui qui commet un viol sous l'empire d'une substance psychoactive qu'il a consommée volontairement, de manière illicite ou en excès, en sachant qu'elle pouvait conduire à une mise en danger délibérée d'autrui, encourt une peine de sept ans d'emprisonnement et 100 000 euros d'amende portée à dix ans et 150 000 euros en cas de tortures ou d'actes de barbarie ou de mort, quand bien même il serait déclaré pénalement irresponsable.

Ces peines sont encore aggravées respectivement à dix ans et 150 000 euros pour la première et quinze ans de réclusion criminelle pour la seconde (tortures ou actes de barbarie) s'il avait déjà été déclaré pénalement irresponsable d'un homicide volontaire pour les mêmes raisons, sans que les dispositions relatives à la récidive soient applicables (art. 222-26-2).

SUCCESSIONS

Les auteurs et complices condamnés pour viol ou agression sexuelle* d'une personne décédée peuvent être déclarés indignes de recevoir sa succession (art. 727 C Civ). Ces dispositions concernent les violences sexuelles incestueuses* ou entre époux*.

SUIVI SOCIO-JUDICIAIRE

Un suivi socio-judiciaire pouvant entrainer une surveillance judiciaire est encouru en cas de condamnation à une peine privative de liberté égale ou supérieure à sept ans pour viol*, agression sexuelle*, corruption de mineur* et atteinte sexuelle sur mineur de moins de quinze ans* (art. D 147-31 CPP).

SURPRISE

Il s'agit d'une des conditions du viol* et des agressions sexuelles*.

Exemples : s'introduire dans le lit d'une femme endormie et se faire passer par le mari ou le compagnon, mais pas en cas d'erreur sur la personne ; se faire passer sur un site de rencontre pour un homme beaucoup plus jeune en usant d'une fausse identité et imposer à la victime un rapport sexuel les yeux bandés ; pour un médecin, pratiquer des examens gynécologiques ne relevant pas de sa spécialité, de même pour un ostéopathe ; ou encore pratiquer des actes sexuels non prévus au cours d'un tournage pornographique. Attention ! Il ne s'agit pas de la surprise de la victime qui, par exemple, déclare être tombée des nues. La surprise ne peut davantage être retenue s'il y a eu répétition. Voir également *FROTTEURS.*

Des dispositions spéciales concernent les victimes mineures*. Pour elles, la surprise peut résulter de la différence d'âge avec l'auteur et de l'autorité de droit ou de fait que celui-ci a sur elles, cette autorité de fait pouvant être elle-même caractérisée par une différence d'âge significative entre une victime mineure et un auteur majeur. Si elle est un mineur de moins de quinze ans, la surprise résultera de l'abus de sa vulnérabilité dans la mesure où elle ne dispose pas du discernement nécessaire (art. 222-22-1).

Mais la surprise n'est pas toujours nécessaire pour caractériser le viol ou les agressions sexuelles lorsque la victime est un mineur. Il suffit que l'auteur soit majeur et que, ou bien le mineur ait moins de quinze ans et la différence d'âge soit de cinq ans, ou bien, si le mineur a plus de quinze ans, que le majeur soit un proche (arts. 222-23-1, 222-23-2, 222-29-2 et 222-29-3).

SURSIS PROBATOIRE

Le sursis probatoire est une mesure qui a pour effet de suspendre une peine d'emprisonnement avec pour contrepartie le respect par le condamné d'obligations* que le juge met à sa charge, comme, par exemple, ne pas fréquenter certains lieux ou personnes.

En cas de crimes sexuels tels que le viol ou le proxénétisme aggravé, d'agressions ou d'atteintes sexuelles, le juge ne peut accorder le sursis probatoire à celui qui en a déjà bénéficié pour des infractions identiques ou assimilées et se trouvait en état de récidive* légale, sauf si le sursis ne portait que sur une partie de la peine (art. 132-41).

SURVEILLANCE

Voir *FICHIERS*.

SURVEILLANCE DE SÛRETÉ

Voir *RÉTENTION DE SÛRETÉ*.

La rétention de sûreté peut être prolongée par une surveillance de sûreté d'une durée de deux ans comprenant différentes obligations dont en particulier une injonction de soins et le placement sous bracelet électronique s'il est possible (art. 706-53-19 CPP).

SYNDICATS

Les syndicats professionnels ne peuvent pas se constituer partie civile pour les infractions sexuelles commises sur le lieu de travail par un supérieur hiérarchique, faute d'atteinte à l'intérêt collectif des salariés du secteur.

Mais les syndicats représentatifs dans l'entreprise peuvent exercer toutes les actions en justice consécutives à des faits de harcèlement sexuel.

T

TAPAGE NOCTURNE

Les ébats sexuels trop bruyants au point de troubler la tranquillité des voisins la nuit sont passibles d'une amende pour tapage nocturne (contravention de 3e classe) de 68 euros. Le jour, ils ne peuvent constituer qu'un trouble de voisinage non sanctionné pénalement, mais susceptible de condamnations civiles d'avoir à y mettre fin au besoin sous astreinte voire à des dommages intérêts, en raison de leur importance et de la mauvaise volonté des intéressés à répondre aux plaintes de leur voisinage.

TÉMOIN

Ceux qui ont témoigné de harcèlement sexuel* ne peuvent, pour cette raison, faire l'objet de mesures discriminatoires.

Par ailleurs, une plateforme de signalement* des violences sexuelles ou sexistes permet aux témoins de se manifester.

Voir *DISCRIMINATION, PLATEFORME DE SIGNALEMENT.*

TENTATIVE

La tentative correspond à un commencement d'exécution auquel seule une circonstance indépendante de la volonté de son auteur a mis fin.

Exemples : une déficience momentanée qui a empêché la pénétration alors que l'auteur avait mis un préservatif ; la résistance de la victime ayant consisté, après avoir cédé à des avances, à s'opposer physiquement à une sodomisation ou à s'enfuir après s'être rendu compte du stratagème (embauche par un faux médecin) qui l'avait amenée à se déshabiller ; pour un enfant, à repousser la main de l'agresseur dirigée vers son sexe.

Elle est punie comme si l'infraction avait été commise tant pour tous les crimes sexuels (viol*, par exemple), que pour un certain nombre de délits sexuels quand la loi le prévoit, ce qui est le cas pour les agressions sexuelles* (art. 222- 31), la traite d'êtres humains* (art. 225-4-7), le proxénétisme* (art. 225-11), les atteintes à la vie privée* (art. 226-5), la pédopornographie* (art. 227-23) et les atteintes sexuelles sur mineurs* (art. 227-27-2).

Dans le cas de la traite d'êtres humains et du proxénétisme, celui qui a tenté de commettre l'infraction, mais la dénonce à l'autorité administrative ou judiciaire peut échapper à toute peine s'il a permis d'éviter que l'infraction soit commise et d'identifier les auteurs et complices (arts. 225-4-9 et 225-11-1).

TORTURES

Les tortures infligées à l'occasion de certaines violences et infractions sexuelles entrainent une aggravation sensible de la peine.

Ainsi pour l'agression sexuelle* sur une personne réduite en esclavage* : vingt années de réclusion criminelle (art. 224-1-C) ; le proxénétisme* : réclusion criminelle à perpétuité et 4 500 000 euros d'amende (art. 225-9) ; le viol* : réclusion criminelle à perpétuité (art. 222-26).

Il doit s'agir d'actes d'une gravité exceptionnelle dépassant les simples violences, commis avec la volonté de causer des souffrances aiguës et de nier la dignité humaine.

Voir également *PROSTITUTION.*

TOURISME SEXUEL

Voir *ÉTRANGER*.

TRAITE D'ÊTRES HUMAINS

1 - Recruter une personne, la transporter, la transférer, l'héberger ou l'accueillir pour la mettre à sa disposition ou à celle d'un tiers, même non identifié, à des fins de proxénétisme*, d'agression ou d'atteintes sexuelles* est considéré comme traite d'êtres humains punie de sept ans d'emprisonnement et 150 000 euros d'amende dans un certain nombre de circonstances : menace, contrainte*, violence* ou manœuvres dolosives* envers la victime, sa famille ou une personne en relation habituelle avec la victime, l'auteur est un ascendant* ou a autorité* sur elle ou abuse de ses fonctions*, il abuse de sa vulnérabilité* apparente ou connue de lui, échange ou octroi d'une rémunération*, d'un avantage* ou de leur promesse*.

Si la victime est un mineur*, l'infraction est constituée en dehors même de ces circonstances et punie de dix ans d'emprisonnement et de 1 500 000 euros d'amende (art. 225-4-1).

Exemples : recruter des jeunes femmes à l'étranger (en l'espèce en Thaïlande) et les contraindre à se prostituer pour rembourser les frais de voyage. Mais transporter des jeunes filles à l'étranger pour les marier selon la tradition locale n'est pas un délit dès lors que l'objectif de les soumettre à des agressions ou atteintes sexuelles n'est pas établi.

2 - La peine est également portée à dix ans et 1 500 000 euros si, d'une part, deux des différentes circonstances du délit (énumérées ci-dessus au 1) sont réunies et si, d'autre part, les victimes sont plusieurs, la victime était à l'étranger ou arrivait en France, a été contactée par un réseau de communication électronique*, est exposée à un risque immédiat de mort ou de blessures de nature à entraîner

une mutilation ou une infirmité permanente, se trouve dans une situation matérielle ou psychologique grave, si des violences ont causé une incapacité totale de travail de plus de huit jours et si l'auteur a pour fonctions de lutter contre la traite ou de maintenir l'ordre public (art. 225-24-2).

3 - Si la victime est un mineur, elle est portée à quinze ans de réclusion criminelle et 1 500 000 euros lorsque l'infraction a été commise dans l'une quelconque de toutes les circonstances énumérées ci-dessus (1 ou 2)(art. 225-24-2 II).

Elle est portée à vingt ans de réclusion criminelle et 3 000 000 euros d'amende lorsqu'elle est commise en bande organisée (art. 225-4-3) et à la réclusion criminelle à perpétuité et 4 500 000 euros d'amende en cas de tortures ou actes de barbarie (art. 225-4-4).

Les personnes morales pénalement responsables encourent des peines complémentaires telles que dissolution, fermeture, confiscation, interdictions - notamment de l'activité dans le cadre de laquelle l'infraction a été commise - et exclusions diverses ainsi que l'affichage et la diffusion de la condamnation (art. 225-4-6).

La loi française est applicable même si les faits ont été commis à l'étranger (art. 225-4-8)

La tentative est punie des mêmes peines (art. 225-4-7) mais celui qui a tenté de commettre l'infraction et la dénonce à l'autorité administrative ou judiciaire peut échapper à toute peine s'il a permis d'éviter que l'infraction soit commise et d'identifier les auteurs et complices.

De même, la peine d'emprisonnement ou de réclusion encourue sera réduite de moitié si, l'infraction ayant débuté, l'auteur ou le complice ont averti l'autorité administrative ou judiciaire et ainsi permis d'y mettre fin ou d'éviter qu'elle entraîne une mort ou infirmité permanente et d'identifier les autres auteurs ou complices. Lorsque la peine encourue est la réclusion criminelle à perpétuité, elle est ramenée à vingt ans (art. 225-4-9).

Voir également *COMMISSION DÉPARTEMENTALE, OFFICE CENTRAL POUR LA RÉPRESSION DE LA TRAITE DES ÊTRES HUMAINS.*

TRANSMISSION D'IMAGES

Voir *IMAGES, PÉDOPORNOGRAPHIE.*

TRANSMISSION DE PAROLES

Voir *PAROLES.*

TRANSPORTS

Les condamnations pour agressions sexuelles s'opposent à la conduite des véhicules de transport public particulier (art. R 3120-8 du code des transports).

Dans le transport maritime, le harcèlement sexuel est expressément considéré comme un manquement professionnel passible de sanctions disciplinaires (art. R 5531-5 du code des transports).

Les fonctionnaires et agents assermentés des transports et les agents de police municipale peuvent dresser procès-verbal des outrages sexuels constatés dans les transports (art. L 2241-1 du code des transports).

Voir également *STATISTIQUES, VÉHICULE.*

TRAVAIL D'INTÉRÊT GÉNÉRAL

Le travail d'intérêt général d'une durée de vingt à quatre-cents heures est une peine que le juge peut prononcer en lieu et place d'une peine d'emprisonnement pour les infractions sexuelles qui sont des délits.

En outre, les coupables de recours à la prostitution et d'outrage sexuel sont susceptibles d'être condamnés à titre de peine complémentaire à un travail d'intérêt général d'une durée de vingt à cent vingt heures (arts. 611-1 et R 625-8-3).

V

VÉHICULE

Les véhicules sont susceptibles de favoriser certaines infractions sexuelles. Les peines sont aggravées lorsqu'elles y sont commises.

Le véhicule de transport collectif (trains, métros, bus, etc.), pour le voyeurisme et l'outrage : deux ans d'emprisonnement et 30 000 euros d'amende pour le premier (art. 226-3-1 5°) et 3750 euros d'amende pour le second (art. 222-33-1-1 6°)

Le véhicule de transport public particulier (taxi, VTC), pour l'outrage : 3750 euros d'amende (art. 222-33-1-1 6°).

Tout véhicule vendu, loué ou mis à disposition sciemment pour servir à la prostitution : dix ans d'emprisonnement et 750 000 euros d'amende (art. 225-10 4°).

Voir également *EXHIBITION, PROXÉNÉTISME.*

VÉTÉRINAIRE

Le vétérinaire est délié du secret professionnel lorsqu'il donne des informations au procureur de la République sur une atteinte sexuelle* commise sur un animal* constatée dans le cadre de son exercice professionnel (art. 226-14 5°). Ce signalement ne peut pas non plus engager sa responsabilité civile, pénale ou disciplinaire sauf mauvaise foi (art. 226-14).

VIE PRIVÉE

1 - L'atteinte volontaire à l'intimité de la vie privée au moyen d'un procédé quelconque portant sur des paroles* ou des images* à caractère sexuel dans un lieu public ou privé est punie de deux ans d'emprisonnement et 60 000 euros d'amende quand elle a consisté à capter*, enregistrer* ou transmettre* des paroles prononcées à titre privé ou confidentiel, fixer*, enregistrer ou transmettre l'image d'une personne se trouvant dans un lieu privé, sans le consentement des intéressés. Toutefois le consentement est présumé dès lors qu'ils en ont eu connaissance et ne s'y sont pas opposés et, s'il s'agit d'un mineur, le consentement doit émaner des titulaires de l'autorité parentale (art. 226-1).

Conserver, donner ou laisser donner connaissance au public ou à un tiers, utiliser l'enregistrement* ou le document obtenu est puni des mêmes peines. Si c'est par voie de presse, les responsables sont déterminés par les lois sur la presse (art. 226-2).

Les diffuser ou en donner connaissance au public ou à un tiers sans le consentement de l'intéressé alors même qu'il en aurait accepté la réalisation est également puni des mêmes peines (art. 226-2-1).

Des poursuites ne peuvent toutefois être exercées que sur plainte* de la victime, de son représentant légal ou de ses ayants droit (art. 226-6).

2 - User d'un moyen quelconque pour apercevoir les parties intimes d'une personne cachées par son habillement ou sa présence dans un lieu clos, à son insu ou sans son consentement*, est puni d'un an d'emprisonnement et 15 000 euros d'amende et de deux ans et 30 000 euros si l'auteur abuse de l'autorité* de ses fonctions*, s'ils sont à plusieurs, si la victime est un mineur ou une personne d'une particulière vulnérabilité apparente ou connue de l'auteur ou

encore si l'infraction a lieu dans un véhicule* de transport collectif de voyageurs ou dans un lieu d'accès à ce mode de transport ou si des images* ont été fixées, enregistrées ou transmises (art. 226-3-1).

3 - La tentative* de commettre ces différentes infractions est punie des mêmes peines (art. 226-5).

Les personnes morales* responsables pénalement encourent, outre l'amende l'interdiction* pour cinq ans au plus, d'exercer l'activité dans l'exercice ou à l'occasion de l'exercice de laquelle l'infraction a été commise et l'affichage ou la diffusion*du jugement (art. 226-7).

VIOL

Le viol est la plus grave des agressions sexuelles*.

1- Pour qu'une agression sexuelle* soit qualifiée de viol, il faut (art. 222-23) :

– Un acte de pénétration* sexuelle, de quelque nature qu'il soit, ou (depuis 2021) un acte bucco-génital*.

– Commis sur autrui ou (depuis 2018) sur l'auteur. Par exemple, une fellation imposée par l'auteur est un viol qu'elle soit commise sur lui par la victime ou par lui sur la victime.

– Par violence*, contrainte*, menace* ou surprise*.

Le viol est puni de quinze ans de réclusion criminelle.

La tentative* est punie comme l'infraction. Elle consiste, par exemple, à tenter une pénétration sans y parvenir en raison d'une défaillance momentanée.

Il existe toutefois deux cas particuliers de viol en dehors de toute violence, contrainte, menace ou surprise :

– Le viol par un majeur sur un mineur de moins de quinze ans* lorsque la différence d'âge est d'au moins cinq ans, sauf s'il y a eu échange ou promesse d'une rémunération ou d'un avantage en nature (art. 222-23-1). Il s'agit alors d'un recours à la prostitution d'un mineur. Voir *PROSTITUTION.*

– Le viol incestueux par un majeur sur un mineur (art. 222-23-2). Voir *INCESTE.*

Ces deux cas sont en outre des circonstances aggravantes entrainant un alourdissement de la peine portée à vingt ans de réclusion criminelle (art. 222-23-3)

2 - Il existe d'autres circonstances aggravantes portant aussi la peine de quinze à vingt ans de réclusion criminelle (art. 222-24).

– Certaines de ces circonstances aggravantes tiennent à l'auteur : il est un ascendant* ou le conjoint*, le concubin, le partenaire de PACS de la victime, il a sur elle une autorité* de droit ou de fait, il a abusé de l'autorité de ses fonctions*, il était en état d'ivresse* manifeste ou sous l'emprise manifeste de stupéfiants*, il a agi en groupe*.

– D'autres à la victime : elle est un mineur de moins de quinze ans*, elle se livrait à la prostitution* même occasionnellement au moment des faits, sa particulière vulnérabilité ou sa dépendance physique, psychique ou résultant de la précarité de sa situation économique ou sociale sont apparentes ou connues de l'auteur, une substance* lui a été administrée à son insu afin d'altérer son discernement ou le contrôle de ses actes,

– D'autres encore aux circonstances ou aux conséquences : le viol a entraîné une mutilation* ou une infirmité permanente*, a été commis avec usage ou menace d'une arme*, intervient en concours avec plusieurs viols commis sur d'autres victimes, la victime a été contactée par un réseau de communication électronique*, un mineur était présent au moment des faits et y a assisté. Enfin, le viol est plus lourdement sanctionné encore s'il a entrainé la mort (trente ans de réclusion criminelle) ou s'il a été précédé, accompagné ou suivi de tortures ou d'actes de barbarie (réclusion criminelle à perpétuité) avec période de sûreté dans les deux cas (arts. 222-25 et 222-26).

En cas de conflit armé, exercer sur une personne protégée par le droit international (prisonnier de guerre, par exemple) des violences sexuelles est un crime de guerre puni de la réclusion criminelle à perpétuité (art. 461-4).

À noter que quand bien même l'auteur du viol aurait agi sous l'emprise de substances psychoactives* consommées volontairement, illicitement ou en excès manifeste en sachant qu'elles pouvaient mettre délibérément quelqu'un en danger et serait irresponsable pénalement, il encourt sept ans d'emprisonnement et 100 000 euros d'amende portés à dix ans et 150 000 euros en cas de tortures, d'actes de barbarie ou de mort. Ces peines sont encore aggravées (dix ans et 150 000 euros dans le premier cas et quinze ans de réclusion criminelle dans le second) s'il a déjà été déclaré pénalement irresponsable d'un homicide involontaire pour les mêmes raisons (art. 222-26-2).

3 - Les condamnés à au moins quinze ans de réclusion criminelle pour viol sur mineur ou pour viol aggravé ou viol en récidive sur un majeur qui, à l'issue de leur peine, présentent une particulière dangerosité caractérisée par une probabilité très élevée de récidive parce qu'elles souffrent d'un trouble grave de la personnalité, peuvent être placées dans un centre socio-médico-judiciaire pour une durée d'un an renouvelable où leur est proposée une prise en charge médicale, sociale et psychologique pour en sortir (arts. 706-53-13 et 706-53-16 CPP) et à l'issue de laquelle une surveillance de sûreté peut être ordonnée (art. 706-53-19 CPP).

4 - Il existe également des infractions liées au viol en amont de celui-ci :

– Le seul fait d'administrer à une personne, à son insu, une substance* de nature à altérer son discernement ou le contrôle de ses actes afin de commettre un viol est puni de cinq ans d'emprisonnement et de 75 000 euros d'amende. S'il s'agit d'un mineur de moins de quinze ans* ou d'une personne particulièrement vulnérable, la peine est portée à sept ans et à 100 000 euros (art *222-30-1).*

– Faire des offres ou des promesses, proposer des dons, présents ou avantages à quelqu'un pour qu'il commette un viol, y compris à l'étranger, est puni de dix ans d'emprisonnement et 150 000 euros d'amende quand le viol n'a été ni commis ni même tenté (art. 222-26-1).

VIOLENCE

1 - Il s'agit d'une des conditions du viol et des agressions sexuelles. Dans ce cas, la violence qui accompagne, par exemple, des attouchements doit être caractérisée.

La violence peut prendre des formes diverses. Dans le passé, le fait de pincer les fesses d'une femme en vue de l'obliger à monter dans une voiture a été, par exemple, considéré comme attentat à la pudeur avec violence.

Elle est également nécessaire pour caractériser la traite d'êtres humains* ayant permis le proxénétisme, une agression ou des atteintes sexuelles. Dans ce cas, la violence est prise en compte non seulement lorsqu'elle touche la victime, mais également sa famille ou une personne en relation habituelle avec elle (art. 225-4-1).

Mais la violence n'est pas toujours nécessaire pour caractériser le viol, les agressions sexuelles ou la traite d'êtres humains lorsque la victime est un mineur.

Il faut que l'auteur soit majeur et que, si le mineur a moins de quinze ans, la différence d'âge soit de cinq ans ou que, si le mineur a plus de quinze ans, que le majeur soit un proche (viol, viol incestueux et agressions sexuelles).

Il peut suffire que la victime soit mineure sans autre condition (traite d'êtres humains) (arts. 222-23-1, 222-23-2, 222-29-2, 222-29-3 et 225-4-1).

Elle peut aussi entraîner une aggravation de la peine comme dans le cas du proxénétisme (art. 225-7 8°) ou du recours à la prostitution (art. 225-12-2 4°).

2 - Par ailleurs, le médecin* ou le professionnel de santé peut, avec l'accord de la victime, et même sans son accord s'il s'agit d'un mineur ou d'une personne qui n'est pas en mesure de se protéger en raison de son âge ou de son incapacité physique ou psychique, dénoncer les sévices qu'il a constatés et qui font présumer des violences sexuelles, sans enfreindre le secret professionnel (art. 226-14). La victime est réputée avoir donné son accord dès lors qu'elle se soumet à l'examen du médecin.

VIOLENCES SEXUELLES

Voir *AGRESSION SEXUELLE, VIOL, VIOLENCE.*

VIRGINITÉ

Depuis 2021, la virginité est à l'origine d'infractions d'ordre sexuel.

User de différents moyens, qu'il s'agisse d'inciter (offres, promesses, dons, présents ou avantages) ou d'obliger (pressions ou contrainte) une personne à se soumettre à un examen pour attester sa virginité est puni d'un an d'emprisonnement et de 15 000 euros d'amende et à 30 000 euros d'amende (art. 225-4-11).

Procéder à un tel examen est puni des mêmes peines (art. 225-4-12).

VOISINS

Voir *TAPAGE NOCTURNE.*

VOYEURISME

Depuis 2018, le voyeurisme figure au rang des infractions sexuelles.

Il est désormais punissable d'user de tout moyen afin d'apercevoir les parties intimes* d'une personne cachées par son habillement ou sa présence dans un lieu clos, à son insu ou sans son consentement* : un an d'emprisonnement et 15 000 euros d'amende (art. 226-3-1).

Exemples : regarder directement à travers une fenêtre fermée ou par le trou de la serrure d'une porte (lieu clos), dans une cabine d'essayage ou utiliser un miroir.

La peine est portée à deux ans d'emprisonnement et 30 000 euros d'amende lorsque l'auteur abuse de l'autorité* de ses fonctions*, s'il agit en groupe, si la personne est un mineur ou si sa particulière vulnérabilité* est apparente ou connue de l'auteur, si les faits ont lieu dans un véhicule* de transport collectif de voyageurs ou dans un lieu d'accès à un tel transport collectif ou lorsque des images* en ont été fixées, enregistrées ou transmises (art. 226-3-1).

VULNÉRABILITÉ

La vulnérabilité, comme la minorité, est au centre des infractions sexuelles en raison de la protection qui lui est accordée par un renforcement des peines et différentes mesures.

1 - Elle peut avoir différentes causes.

Elle peut résulter du très jeune âge de la victime.

Ainsi, elle caractérise la contrainte morale ou la surprise chez le mineur de moins de quinze ans victime d'agression sexuelle ou de viol, en raison de son absence de discernement (art. 222-22-1). L'absence de consentement n'est pas présumée, mais le juge doit prendre en compte cette circonstance pour apprécier si les agissements ont été commis avec contrainte morale ou surprise.

Elle peut aussi provenir de l'âge, d'une maladie, d'une infirmité, d'une déficience physique ou psychique ou d'un état de grossesse ou résulter de la précarité de la situation économique ou sociale dès lors qu'elle est apparente ou connue de l'auteur.

La victime doit alors être particulièrement vulnérable.

Sa vulnérabilité doit être antérieure à l'infraction et non sa conséquence.

Exemples : l'arriération mentale, les troubles mentaux, l'état d'ivresse, une hémiplégie ou encore l'état de prostration et d'inconscience consécutif à la prise d'un traitement médical. Mais, par exemple, la particulière vulnérabilité d'une femme de 70 ans ne présentant aucun de ces états doit être caractérisée.

2 - Elle entraine une aggravation sensible des peines.

Pour un viol, vingt ans de réclusion criminelle (arts. 222-24 3° et 3° bis).

Pour une agression sexuelle, sept ans d'emprisonnement et 100 000 euros d'amende (art. 222-29) et même dix ans et 150 000 euros lorsqu'elle a entraîné une blessure ou une lésion, si l'auteur est un ascendant ou a autorité de droit ou de fait, abuse de l'autorité de ses fonctions, a agi en groupe, a usé ou menacé d'une arme, a agi en état d'ivresse manifeste ou sous l'emprise manifeste de stupéfiants ou a administré une substance à l'insu de la victime pour altérer son discernement ou le contrôle de ses actes (art. 222-30 8°), et trente ans de réclusion criminelle si la victime est une personne réduite en esclavage (art. 224-1-C).

Pour le harcèlement sexuel*, trois ans d'emprisonnement et 45 000 euros d'amende (art. 222-33 3° et 4°).

Pour l'outrage sexuel*, 3750 euros d'amende (art. 222-33-1-1 3° et 4°).

Pour le recours à la prostitution*, cinq ans d'emprisonnement et 75 000 euros d'amende (art. 225-12-1).

Pour le proxénétisme*, dix ans d'emprisonnement et 1 500 000 euros d'amende (art. 225-7 2°).

Pour l'administration d'une substance* destinée à altérer le discernement ou le contrôle en vue de commettre un viol* ou une agression sexuelle*, sept ans d'emprisonnement et 100 000 euros d'amende (art 222-30-1).

Pour la traite d'êtres humains*, sept ans d'emprisonnement et 150 000 euros d'amende (art. 225-4-1 I 3°).

Pour le voyeurisme*, deux ans d'emprisonnement et 30 000 euros d'amende (art. 226-3-1).

3 - La vulnérabilité de la victime peut aussi être à l'origine d'une infraction. Ainsi, la non-dénonciation d'agressions ou d'atteintes sexuelles sur des personnes vulnérables est punie de trois ans d'emprisonnement et de 45 000 euros d'amende (art. 434-3).

Le secret professionnel n'est pas opposable aux médecins et aux autres professionnels de santé qui dénoncent les mutilations ou les sévices sexuels constatés dans l'exercice de leur profession (art. 226-14 1° et 2°).

4 - La victime particulièrement vulnérable peut bénéficier d'une évaluation personnalisée pour déterminer si des mesures de protection spécifiques sont nécessaires (art. D 1-3 CPP).

La vulnérabilité des demandeurs d'asile fait l'objet d'une évaluation qui vise, notamment, à identifier les personnes qui ont subi des viols ou d'autres formes graves de violence sexuelle, telles que des mutilations sexuelles féminines (art. L522-3 du code de l'entrée et du séjour des étrangers et du droit d'asile).

Z

ZOOPHILIE

Voir *ANIMAUX*.

Index

Z

Structures éditoriales du groupe L'Harmattan

L'Harmattan Italie
Via degli Artisti, 15
10124 Torino
harmattan.italia@gmail.com

L'Harmattan Hongrie
Kossuth l. u. 14-16.
1053 Budapest
harmattan@harmattan.hu

L'Harmattan Sénégal
10 VDN SICAP AMITIE 3
BP 45034 Dakar-Fann
direction@senharmattan.com

L'Harmattan Cameroun
Tsinga/Derrière polyclinique FECAFOOT
BP 11486 Yaoundé
Jacques.koukam@harmattan.fr

L'Harmattan Burkina Faso
Villa 281, secteur 23 623, rue 14.32
Ouagadougou
zagbie@outlook.fr

L'Harmattan Guinée
Almamya, rue KA 028 OKB Agency
BP 3470 Conakry
harmattanguinee@yahoo.fr

L'Harmattan RDC
185, avenue Nyangwe
Commune de Lingwala – Kinshasa
matangilamusadila@yahoo.fr

L'Harmattan Congo
219, avenue Nelson Mandela
BP 2874 Brazzaville
deunovmikhael@gmail.com

L'Harmattan Mali
Immeuble Mgr Jean Marie Cissé
Aci Hamadallaye
BP 145 Bamako
syllaka@yahoo.fr

L'Harmattan Togo
Djidjole – Maison Amela
face EPP BATOME
02 BP 20680 Lomé
didieramela11@gmail.com

L'Harmattan Côte d'Ivoire
Résidence Karl – Cité des Arts
Abidjan-Cocody
03 BP 1588 Abidjan
harmattan.ivoire@gmail.com

L'Harmattan Bénin
Rue 604, (Immeuble à l'entrée
de la rue UCAO- Cite de Saint-Jean)
Cotonou
stepcorpus@gmail.com

Nos librairies en France

Librairie internationale
16, rue des Écoles
75005 Paris
librairie.internationale@harmattan.fr
01 40 46 79 11
www.librairieharmattan.com

Librairie des savoirs
21, rue des Écoles
75005 Paris
librairie.sh@harmattan.fr
01 46 34 13 71
www.librairieharmattansh.com

www.ingramcontent.com/pod-product-compliance
Lightning Source LLC
LaVergne TN
LVHW021219061026
849535LV00008B/2817